LA CONFESSION
D'UNE
JEUNE FILLE

(Par George Sand)

A MONSIEUR M. A.

Mon ami, avant de prendre la sérieuse détermination à laquelle vous me conviez, je veux vous rendre compte de ma vie et de moi-même avec la plus scrupuleuse sincérité. Mon récit sera long, exact, minutieux, parfois puéril. Je vous ai demandé trois mois de solitude et de liberté d'esprit pour classer mes souvenirs et interroger rétrospectivement ma conscience. Permettez-moi de ne prendre aucun parti, de n'avoir même aucune opinion sur l'offre que vous me faites, avant que ce travail ait été placé sous vos yeux.

LUCIENNE.

I

Le 30 juin 1805, madame de Valangis était dans son vieux carrosse de campagne, étrange monument composite qui tenait de la calèche, de la patache et du landau, mais qui n'était précisément rien de tout cela. C'était un de ces véhicules de fantaisie que les fabricants de province inventaient *au gré des personnes* sous le Directoire, époque de transition, de tâtonnement et de caprice dans tous les genres. La voiture, étant lourde et solide, durait encore, et madame de Valangis ne se souciait plus d'aucun changement dans ses habitudes. Elle avait échappé aux orages de la Révolution en se tenant coi dans son château de Bellombre, au fond d'une gorge des montagnes de la Provence, et en cachant de son mieux sa fortune, qui était médiocre, et ses principes, qui étaient modérés. C'était la meilleure des femmes, peu cultivée littérairement parlant, mais douce, affectueuse, dévouée, et chez qui les instincts du cœur ne se trompèrent jamais. Ce n'est pas elle qui eût livré Toulon aux Anglais et fait des vœux pour l'étranger. Ce n'est pas elle non plus qui eût repris Toulon et fait des vœux ardents pour le triomphe de la République ou de l'Empire.

— Je suis vieille, disait-elle, je ne demande qu'à rester tranquille; et je suis femme, je ne puis vouloir le malheur de personne.

L'excellente dame se promenait donc fort tranquille dans son carrosse; à ses côtés, une forte villageoise provençale tenait un nourrisson assez robuste, la propre petite-fille de madame de Valangis, mademoiselle Lucienne, âgée de dix mois. Cette enfant, transplantée en Provence, était née en Angleterre, son père, le marquis de Valangis, ayant épousé dans l'émigration une Irlandaise de bonne famille. Le climat de l'Angleterre n'avait pas été propice aux deux premiers-nés de cet hymen, morts tous deux en bas âge. On avait confié Lucienne presque dès sa naissance à une nourrice française et aux soins de la grand'mère, qui avait été la chercher à Douvres, et qui, depuis trois mois, l'élevait avec bonne espérance sous le soleil du Midi. L'enfant, bien qu'émigrée par le fait de sa naissance et par la situation de son père, n'avait pas troublé par sa rentrée le repos de la France; mais elle était destinée à troubler étrangement celui de sa famille.

Le chemin montait, montait. La chaleur était accablante. La voiture, découverte et basse, allait au pas, au pas le plus lent que puissent emboîter deux vieux chevaux dont le cocher est profondément endormi sur son siége. La nourrice, voyant que la dame de Valangis dormait aussi, abrita bien sous son voile de mousseline blanche la tranquille Lucienne, qui s'était assoupie la première, et résolut sans doute de bien veiller sur ce cher trésor ; mais il faisait si chaud et l'on allait si lentement, que, quand on eut gagné le haut de la côte, et que d'eux-mêmes les chevaux se mirent à trotter en sentant le fumet de leur écurie, tout le monde s'éveilla. Le cocher fouetta ses bêtes pour prouver sa vigilance, madame de Valangis jeta un paisible et bienveillant regard sur le voile qui protégeait sa petite-fille ; mais la nourrice, ne sentant plus rien sous ce voile, rien dans ses bras, rien sur ses genoux, se redressa d'un air effaré et resta sans voix, les yeux hagards, demi-morte et demi-folle : l'enfant avait disparu.

Elle ne cria pas, elle ne put dire un mot, elle s'élança sur le chemin, elle tomba, elle resta évanouie. Le cocher arrêta, et, comprenant vaguement que l'enfant avait dû glisser des bras de la nourrice sur le chemin, il n'attendit pas l'ordre de sa patronne éperdue pour retourner sur ses pas

aussi vite que possible. Les chevaux désappointés
ne payèrent pas de zèle. Le pauvre homme cassa
son fouet, ce qui n'avança pas les affaires. La
vieille dame, s'imaginant qu'elle pourrait courir,
se fit descendre; le cocher, frappant à tour de
bras du manche de son fouet, la devança. La
nourrice, à peine revenue à elle, se traîna comme
elle put sur les traces de la grand'mère : pas un
passant sur la route poudreuse, pas une trace que
la brise, toujours forte en ces contrées, n'eût effa-
cée déjà. Quelques paysans, occupés à une certaine distance, accoururent au cri des femmes, et
se mirent à la recherche en se lamentant. Le plus
diligent fut encore le cocher qui s'attendait avec
horreur à retrouver l'enfant écrasé dans une or-
nière et qui sanglotait comme un brave homme,
tout en jurant comme un païen.

Mais quoi ! rien, pas d'enfant écrasé, pas un débris, pas un chiffon, pas une goutte de sang, pas
un vestige, pas un indice sur ce chemin désert et
muet! Il y a par là de grands moulins, anciennes
dépendances monacales, situés à deux ou trois
lieues les uns des autres, le long du torrent de la
Dardenne. Le cocher appela, questionna, tâcha de
savoir, en se frappant la poitrine, en quel endroit
il s'était endormi. Personne ne put le lui dire; on
était si habitué à le voir dormir sur son siége! On

n'avait pas remarqué si l'enfant était dans la voiture à telle ou telle rencontre. Rien, absolument rien. Au bout de quelques heures, tout le pays était en émoi, depuis le château de Bellombre jusqu'au hameau du Revest, où la promenade avait fait halte et où la petite avait été vue au sein de la nourrice. La justice ne fut pas vite sur pied, mais elle y fit son possible. On fouilla les rares habitations de la vallée, on explora tous les ravins, tous les fossés; on arrêta quelques vagabonds, on interrogea tout le monde; la journée, la semaine, le mois, l'année s'écoulèrent, et personne ne put seulement soupçonner ce qu'était devenue la petite Lucienne.

II

La nourrice devint folle furieuse; on fut obligé de l'enfermer. Le vieux cocher, blessé au cœur et dans son amour-propre, chercha des consolations ou plutôt l'oubli dans le vin. Il se noya avec un de ses chevaux un soir que la Dardenne avait débordé. Le marquis de Valangis cacha, dit-on, aussi longtemps qu'il put à sa femme la funeste et mystérieuse aventure. Elle l'apprit et en mourut. Le marquis devint sombre, irritable, injuste, et jura que son ingrate et fatale patrie n'aurait pas ses os. Il se refusa aux instances de madame de Valangis, qui le suppliait de faire des démarches pour rentrer en France. Il prétendait n'aimer plus rien ni personne. Il ne pouvait pardonner à sa mère de n'avoir pas su veiller sur son unique enfant. Seule, la vieille madame de Valangis résista aux coups terribles qui avaient frappé sa maison. Elle devint très-dévote et fit des offrandes et des vœux à toutes les chapelles du pays, espérant toujours qu'un miracle lui rendrait sa pauvre chère enfant.

Quatre ans s'étaient écoulés. On était en 1809. Madame de Valangis avait soixante et dix ans. Un matin, elle vit arriver une femme pâle qui sortait de l'hospice. C'était Denise la nourrice, guérie de l'aliénation mentale, mais vieillie avant l'âge, et si exténuée par le traitement, qu'on la reconnaissait à peine.

— Madame, dit-elle, saint Denis, mon patron, m'est apparu trois fois en rêve. Trois fois il m'a commandé de venir à vous pour vous dire que mademoiselle Lucienne va revenir, et me voilà. Les médecins ont déclaré depuis longtemps que je n'étais plus malade. Seulement, ces messieurs, qui ne croient à rien, disent que j'aurai toujours le cerveau faible. C'est à cause de ça que j'ai résisté deux fois à la voix de mon saint patron; mais, à la troisième, je n'ai plus osé. Faites de ce que je vous dis ce qu'il vous plaira. Moi, je crois avoir fait mon devoir.

L'apparition de Denise avait effrayé la vieille dame; elle se rassura en voyant son air doux, sincère et résigné. Et puis la vision de cette femme répondait à des songes vagues et à des espérances persistantes chez elle-même. Elle avait tant prié, tant fait d'aumônes, tant suivi de processions, tant payé de messes, qu'il lui était bien impossible de douter de l'assistance divine. Les hallucinations de Denise lui parurent des révélations; elle voulut savoir sous quel aspect le saint patron lui était apparu, quel âge il paraissait avoir, comment il était vêtu, de quels mots il s'était servi. Denise était naïve, elle manquait d'imagination, elle ne voulut ni ne put rien inventer. Elle avait vu quelqu'un en qui elle avait reconnu son patron, elle avait ouï des paroles qui annonçaient le retour de l'enfant; elle n'en savait pas davantage.

Madame de Valangis la fit examiner et interroger par son médecin et son curé. Le médecin reconnut que le cerveau était calme. Le curé déclara que l'âme était sincère, et tout cela était vrai. La vieille dame en conclut que l'apparition était réelle et la promesse positive. Elle garda Denise auprès d'elle et commença de nouvelles recherches, comme si la perte de sa petite-fille eût daté de la veille.

Cette aventure inexplicable avait fait beaucoup de bruit dans le pays; mais on l'avait à peu près oubliée quand la nouvelle se répandit que la petite-fille venait d'être retrouvée aussi mystérieusement qu'elle avait été perdue. Les amis, les parents, les oisifs et les curieux s'empressèrent d'aller s'en assurer, croyant un peu qu'on les mystifiait, mais se résignant à en être pour leur course. Denise reçut tout le monde avec de grandes démonstrations de joie, criant au miracle et se fâchant presque contre ceux qui n'y voulaient pas croire. Madame de Valangis se trouva tout autrement disposée. Elle déclara qu'il n'y avait rien que de très-naturel dans le secours de la Providence, et que sa chère petite lui avait été ramenée saine et sauve par d'honnêtes gens qui l'avaient retrouvée. Chacun voulait voir l'enfant. Elle refusa de la montrer, disant qu'elle était fatiguée du voyage et toute dépaysée, si bien qu'on s'en alla, les uns persuadés que madame de Valangis parlait sérieusement, les autres qu'elle avait des motifs impénétrables pour faire courir un bruit dénué de fondement.

Deux amis intimes, le médecin et l'avocat de la famille, furent seuls admis à voir Lucienne un instant, et voici ce que leur déclara la grand'mère :

Une personne qu'elle ne nommait pas, et dont elle ne voulait même pas dire le sexe, l'avait fait prier de descendre à la *Salle verte,* un endroit du parc situé dans une sorte de précipice au-dessous du manoir. Là, on lui avait fait jurer de ne jamais dire un mot qui pût mettre sur la trace des coupables. A ce prix, on lui rendrait son enfant et on lui prouverait son identité. Madame de Valangis avait juré sur l'Évangile. On lui avait alors raconté des choses qui ne lui laissaient pas le moindre doute sur l'identité de sa petite-fille; et, la nuit suivante, dans ce même lieu appelé la Salle verte, on la lui avait ramenée sans vouloir accepter ni récompense ni dédommagement d'aucune sorte des bons soins qu'on avait pris d'elle durant quatre ans et du voyage que l'on avait fait pour la ramener. Il ne fallait donc pas adresser d'inutiles questions à madame de Valangis, ni espérer qu'elle violerait jamais son serment. Elle déclarait, en outre, que l'enfant, parlant une langue étrangère qui pourrait trahir le lieu d'où elle venait, on ne la verrait que lorsqu'elle l'aurait oubliée.

L'avocat, M. Barthez, fit observer à madame de Valangis que les précautions dont on l'obligeait à

entourer la recouvrance de sa petite-fille pourraient
bien amener de sérieux embarras par la suite sur
la question d'état civil de l'enfant, à moins que
l'on ne pût fournir des preuves irrécusables de
son identité.

— J'aurai ces preuves, répondit madame de
Valangis. J'en ai déjà de suffisantes pour établir
ma certitude. Celles que la loi pourrait exiger
viendront en temps et lieu. Je vous autorise à dire
à tout le monde que vous avez vu ma petite-fille,
et je vous prie d'ajouter que j'ai toute ma raison,
que je n'attribue pas son retour à un miracle, que
je n'ai pas été trompée et exploitée, enfin que je
sais que c'est elle et que je l'établirai par la suite.
Tout le monde comprendra que je ne puis ni ne
veux trahir le secret d'une personne innocente
qui tient de près aux coupables et ne doit pas les
livrer à la justice.

III

Voilà tout ce que je sais des circonstances qui
accompagnèrent ma réapparition dans le monde ;
car l'enfant retrouvé, c'était moi, et je vais main-

tenant prendre la parole en mon propre nom pour tâcher de me retracer mes plus anciens souvenirs.

Le plus net de ces souvenirs, c'est une robe blanche, la première sans doute que j'aie portée, et une coiffure de fleurs et de rubans roses sur mes cheveux bouclés. Cette toilette fut une ivresse pour moi ; mais je ne saurais dire où elle eut lieu, sinon que c'était en plein air, par une nuit chaude et au clair de la lune. On me mit un petit manteau et on me porta dans un précipice. Je crois que j'étais portée par un homme, et je sais qu'à côté de moi marchait une femme que j'appelais maman et qui m'appelait sa fille.

Là, tout se trouble dans ma vision. Il me semble que je suis prise et emmenée par deux autres femmes que je ne connaissais pas, sans que, malgré mes cris, mon désespoir et ma résistance, la mère que j'appelais vînt à mon secours.

Je crois que ce fut mon premier chagrin et je crois qu'il fut terrible, car je n'en retrouve pas la durée et les incidents. Il me semble que j'ai été morte dans ce temps-là, quoiqu'on m'ait dit que je ne fus pas même malade ; mais je crois bien qu'il y eut un anéantissement dans mon âme, et comme une suspension de vie morale et intellectuelle. Ce que je vais raconter de ces premiers temps m'a donc été raconté à moi-même, et je ne l'affirme que sur la foi d'autrui.

Ma grand'mère et ma nourrice — car c'était à elles qu'on m'avait restituée — ne purent arracher de moi un seul mot de français pendant plusieurs semaines. Le français n'était pas ma langue habituelle, et pourtant on m'en avait appris un peu; car je paraissais le comprendre, et la facilité avec laquelle je le rappris quand ma mauvaise humeur fut passée prouva que je l'avais entendu parler presque autant que l'autre langue ou patois dont je préférais me servir. Il paraît que cette préférence était une malice de ma part, et que, longtemps encore après, je poussai l'obstination jusqu'à ne pas vouloir répondre un mot aux nombreux visiteurs qui venaient m'admirer comme une merveille, et qui, la plupart, marins ou voyageurs, me questionnaient dans toutes les langues connues. Quand on vit que ces importunités augmentaient ma résistance, on me laissa tranquille, et ma grand'mère prit le sage parti de ne plus me faire ni caresses ni prévenances.

Un jour qu'on m'avait menée promener à la Salle verte, il paraît que le souvenir de ma mère me revint et que je recommençai mes cris. On ne m'y mena plus pendant longtemps. On me laissa jouer toute seule dans le jardin en terrasse, sous les yeux de ma grand'mère, qui faisait de la tapisserie dans le salon du rez-de-chaussée, en feignant de ne pas me regarder. La pauvre Denise, qui m'adorait et que je ne pouvais pas souffrir, m'apportait en silence des friandises qu'elle posait sur les marches du jardin ou sur les bords de la rocaille où coulait une eau de source. Je ne voulais rien accepter de la main de ma nourrice ; j'attendais qu'on ne me vît pas pour m'en emparer. Je ne voulais dire bonjour et merci à personne. Je me cachais pour jouer avec ma poupée qui me semblait pourtant merveilleuse, ceci, je m'en souviens ; mais, dès qu'on me regardait, je la posais à terre, je tournais le nez vers la muraille, et je restais là immobile jusqu'à ce qu'on se fût éloigné. J'ai un instinct confus d'avoir été méchante ainsi par douleur. Probablement je sentais dans mon cœur des griefs que je ne savais pas formuler. Je dois avoir été blessée surtout de l'abandon de celle que j'appelais intérieurement ma mère ; peut-être aussi savais-je déjà exprimer mes plaintes à ce sujet, car on m'a dit que je parlais quelquefois toute seule dans cette langue que personne n'entendait.

— Sans cela, m'a dit depuis la nourrice, on vous aurait crue muette.

Peut-être aussi étais-je sauvagement intimidée

par ma grand'mère, dont le costume et la coiffure étaient un spectacle inouï pour moi. J'avais dû être élevée jusque-là dans la pauvreté, car le luxe relatif dont je me voyais entourée me causait une sorte d'éblouissement mêlé de frayeur.

Il paraît qu'on était fort inquiet de ma maussaderie, et qu'elle dura plus longtemps qu'on ne devait l'attendre d'un enfant de mon âge. Il paraît aussi que la transition entre ce caractère farouche et une humeur plus traitable fut assez lente. Enfin un beau jour, après m'avoir chérie quand même avec beaucoup de patience et de bonté, on me trouva charmante. Je ne saurais dire quel âge j'avais atteint au juste; mais j'avais absolument oublié ma langue étrangère, ma mère inconnue et le fantastique pays de ma première enfance.

Pourtant certaines réminiscences fugitives traversaient encore mon faible cerveau, et celles-ci, je me les rappelle. Un jour, on me conduisit au bord de la mer, que l'on voyait en plein de chez nous, mais qui est à plus de cinq lieues au bas de notre vallée. Je l'avais toujours regardée de loin avec indifférence; mais, quand je fus sur le rivage et que je vis de grosses vagues briser sur les galets, — c'était un jour de houle, — je fus prise d'une joie insensée. Bien loin d'avoir peur des lames bouillonnantes, je voulais courir après, et je ramassai des coquillages qui me charmèrent plus que tous mes joujoux. Je les emportai précieusement. Il me semblait retrouver quelque chose à moi que j'avais longtemps perdu. La vue des barques de pêcheurs ranima aussi je ne sais quelles visions du passé. Il fallut que Denise, qui, du reste, faisait toutes mes volontés, consentît à monter avec moi sur une chaloupe qui faisait la pêche. Les filets, les poissons, le mouvement de l'embarcation, m'enivraient. Loin de me montrer timide et fière comme je l'étais encore avec les personnes nouvelles, je jouais et je riais avec les gens de mer comme avec d'anciennes connaissances. Quand il fallut les quitter, je pleurai sottement. Denise, en me ramenant à ma grand'mère, lui dit qu'elle était bien sûre que j'avais été élevée avec des pêcheurs, car j'avais l'air de connaître l'eau salée comme une petite mouette.

C'est alors que ma grand'mère, qui avait promis de ne pas rechercher l'auteur de mon enlèvement, mais non de ne point tâcher de connaître ma vie passée, — hélas! j'avais déjà une vie passée! — m'adressa toute sorte de questions auxquelles je ne sus que répondre. Je ne savais déjà plus rien de moi-même; mais, comme elle y revenait souvent, surtout quand Denise, à qui elle avait défendu de me questionner, n'était pas avec nous, je commençai à prendre de moi-même une idée que les autres enfants n'ont certainement jamais conçue. Je pensai que j'étais différente des autres, puisque au lieu de me dire ce que j'étais et ce que j'avais toujours été, on me pressait de le révéler. Je tombai dans des rêveries bizarres, et, comme Denise m'avait raconté, pour m'endormir, beaucoup de légendes dévotes mêlées à des contes de fée, ma pauvre imagination se mit à travailler follement. Un jour, je me persuadai que je sortais d'un monde fantastique, et je racontai très-sérieusement à ma bonne maman que j'avais été d'abord un petit poisson d'argent, et qu'un grand oiseau m'avait emportée sur le haut d'un arbre. Là, j'avais trouvé un ange qui m'avait appris à aller dans les nuages; mais une méchante fée m'avait fait tomber dans la Salle verte, où un loup voulait me manger et où je m'étais cachée sous une grosse pierre jusqu'à ce que Denise fût venue me prendre et me mettre une belle robe blanche.

Ma grand'mère, voyant que je battais la campagne, craignit que je ne devinsse folle. Elle me dit que je mentais, et, comme je m'obstinais un peu trop, elle me jura que j'avais rêvé tout cela et cessa de me questionner. Le mal ne s'aggrava donc pas trop, mais il était entré en moi. Je n'étais pas menteuse, j'étais romanesque. Le réel ne me

satisfaisait pas ; je cherchais quelque chose de plus
étrange et de plus brillant dans la région des
songes. Je suis restée ainsi : ç'a été la cause de
tous mes désastres, et peut-être aussi le foyer de
toutes mes forces.

IV

Je crois que j'avais sept ou huit ans quand je
connus M. Frumence Costel. Il en avait alors dix-
neuf ou vingt. C'était le neveu orphelin du curé
de notre paroisse. Étrange paroisse que ce village
des Pommets ! Je ne puis mentionner Frumence
sans décrire le lieu où ma grand'mère l'avait découvert pour lui confier mon éducation ; car, bien
que la personne pour laquelle j'écris connaisse
mon pays de Provence, je ne saurais me retracer
aucun événement sans en établir le cadre.

Les rares hameaux de nos montagnes sont, au
dire de la tradition, d'anciennes colonies romaines,
prises, pillées et occupées ensuite par les Sarrasins, à qui elles furent reprises plus tard par les
indigènes. Quels indigènes ? On ne conçoit guère
que ces nids sauvages, perdus dans des ravins

arides, aient pu avoir d'autres habitants que des
colons aventureux ou des pirates rassasiés. On dit
pourtant que ces contrées, aujourd'hui si dénu-
dées, étaient d'un grand rapport au temps où le
précieux insecte qui fournissait la pourpre habitait
le feuillage du chêne nain, le chêne coccifère des
botanistes. Qu'est devenue la pourpre? qu'est devenu l'insecte? qu'est devenue la splendeur de nos
rivages? La majeure partie de nos terres végétales
consiste en d'étroites zones fertiles, déchiquetées
par lambeaux le long des torrents à sec les trois
quarts de l'année, et en maigres régions d'oliviers
qui occupent les premières terrasses des montagnes. La vallée de Dardenne, qui a de l'eau toute
l'année, est une oasis dans le désert; le pays environnant n'est qu'un chaos de roches pittoresques
ou de corniches élevées, plates, pierreuses, déso-
lantes à parcourir et à voir. Du côté de notre paroisse, il y a pourtant un peu de végétation, et de
belles collines. La croupe arrondie du *baou* qui le
domine est couverte d'une mince verdure, charmante au mois de mai, brûlée au mois de juillet.
Il y a aussi par là une source, et un ruisseau qui va
rejoindre la Dardenne. Le village se compose d'une
cinquantaine de maisons jetées en pente rapide et
d'une petite église dont M. Costel, l'oncle de Frumence, était le curé.

Je me rappellerai toujours la première visite que je fis à ce curé. Comme le village était situé sur le versant de la gorge qui nous fait face, et que, pour traverser la Dardenne sur les rochers et gravir le revers de la colline, il eût fallu d'autres jambes que celles de ma grand'mère, nous eussions été forcées de faire un long détour pour y aller en voiture, et même par là le chemin était si difficile, que ma grand'mère avait obtenu les offices dans la petite chapelle de Bellombre. Le curé des Pommets, après avoir dépêché une petite messe à ses paroissiens, descendait lestement la rude colline, traversait à vol d'oiseau les petits sentiers du vallon, et, après nous avoir dit, moyennant la permission de son évêque, une seconde petite messe, s'asseyait devant un formidable déjeuner servi par ma grand'mère et par Denise, qui avaient grand soin de lui et qui lui remettaient en outre le terme d'une petite rente affectée à ce ministère de complaisance.

C'était un terrible marcheur et un terrible mangeur que ce brave curé. Il était grand, sec, jaune et horriblement malpropre; mais il avait de l'esprit et de l'instruction autant que de misère et d'appétit. Je crois que ce qui lui manquait le plus, c'était la ferveur, car il ne parlait jamais des choses célestes en dehors de son ministère. On n'eût pas été bien venu à lui en parler chez nous à table, car il y mangeait certainement pour toute la semaine.

Un jour, il nous fit dire qu'un léger accident l'empêchait de marcher, et qu'il ne pourrait venir nous dire notre messe. Ce léger accident, c'était, à son insu, une première attaque de goutte. Ma grand'mère prétendit que nous ne serions pas damnées pour nous passer de messe; mais Denise, qui était plus fervente, demanda la permission de me mener aux Pommets. J'étais assez grande pour marcher, et déjà très-agile à grimper de roche en roche. Tout s'oublie, car ma grand'mère oublia que Denise m'avait déjà perdue, et que, par suite, elle était restée un peu folle.

Nous voilà donc en route à travers champs et prairies. C'était en été, la Dardenne se divisait en minces nappes et en étroits réseaux frissonnants sur son grand pavage naturel. Il nous fut facile de la passer au premier endroit venu, sans mouiller nos chaussures; puis nous entrâmes dans les oliviers, dans les pins, dans les chemins ravinés, et enfin nous atteignîmes, saines et sauves, la petite place en pente et la petite église moitié ruinée de notre paroisse.

J'étais ivre de joie et d'orgueil d'avoir fait à pied cette course réputée fatigante; mais l'aspect du village me jeta dans un grand étonnement et dans une sorte d'effroi. La moitié des maisons était en ruine, et le reste était fermé, fermé depuis longtemps ; car la vigne et le lierre avaient poussé sur les portes et sur les fenêtres, et il eût fallu entrer dans ces maisons à coups de serpe. On ne voyait pas une charrette, pas un animal, pas une âme dans la rue.

Comme j'en faisais la remarque à Denise, elle m'apprit que le village était abandonné, et qu'il n'y avait plus que cinq habitants, le maire, le curé et le garde champêtre compris. Or, comme, ce jour-là, le maire était à Toulon et le garde champêtre malade, le curé disait sa messe tout seul dans l'église vide. Quand je dis tout seul, je me trompe : il était assisté de son sacristain, un grand garçon sec et jaune comme lui, lequel n'était autre que M. Frumence Costel, son neveu.

Cette église déserte et ce village abandonné me firent une vive impression, et, comme je n'étais pas dévote, par instinct de réaction contre Denise qui l'était trop et qui m'ennuyait, je ne fis que songer, durant la messe, aux événements romanesques ou terribles qui avaient dû ainsi dépeupler les Pommets. Était-ce la peste qui jadis avait fait de si grands ravages dans nos contrées ? On m'avait parlé de cela, et je n'avais pas beaucoup la notion des dates historiques. Étaient-ce les loups, les voleurs, ou la malédiction de quelque sorcière? Ma cervelle travaillait si bien que la peur me prit et que mes yeux cherchaient sous le petit porche béant de l'église l'apparition de quelque monstre. Les grandes herbes, les guirlandes noires de smilax qui pendaient autour de l'arcade ébréchée me faisaient tressaillir quand le vent les agitait.

La messe heureusement ne fut pas longue ; le curé nous emmena chez lui, et je fus désappointée en même temps que rassurée quand il m'apprit que, depuis le temps des Sarrasins, le village n'avait été ni pris, ni pillé, ni incendié, ni massacré, ni mangé par les loups. Il s'était dépeuplé tout naturellement. Le pays devenant de plus en plus improductif et les communications difficiles, la jeunesse avait été vivre au bord de la mer, où il y a, disait le curé en soupirant, de l'ouvrage pour tout le monde. Les vieux étaient peu à peu morts de leur belle mort. Le peu de terres cultivables possédées par les absents étaient affermées au cinquième habitant, un honnête paysan veuf, qui, avec le maire, le curé, Frumence et le garde champêtre, complétait désormais le chiffre de la population. Ce village n'est pas le seul du pays qui ait été ainsi déserté. Il y a même de vieilles villes perchées sur les hauteurs qui sont descendues peu à peu sur le rivage ou dans le fond des vallées.

Le presbytère était dans un état de délabrement inouï, et me rappela confusément je ne sais quels abris misérables de mon enfance oubliée. Il me sembla aussi que je ne voyais pas celui-ci pour la première fois. Peut-être ma mère adoptive, lorsqu'elle m'avait ramenée à Bellombre, avait-elle trouvé là pour moi un asile provisoire.

V

Le curé n'avait pas de servante ; son neveu remplissait cet office, et il le remplissait bien mal, car c'était un vrai taudis que ce malheureux presbytère. On voulait nous faire déjeuner, on n'alla pas loin pour trouver des œufs : les poules pondaient sur les lits. Mais, comme Frumence se mettait l'esprit à la torture pour trouver quelque autre chose, Denise le rassura en exhibant un panier où elle avait apporté nos provisions de bouche. J'avais grand'faim et grand'peur que le curé ne prélevât sur mon repas une part que je savais ne devoir pas être mince ; mais, bien que Denise lui en fît l'offre, il refusa discrètement. Pourtant je n'étais pas rassurée en voyant son grand fantôme de neveu déballer nos vivres et tourner autour de nous d'un air affamé. J'ignorais la fierté et la sobriété du personnage.

Comme, malgré sa vénération pour les personnes consacrées à Dieu, Denise aimait la propreté, elle prétendit que j'étais habituée à manger en plein air, et nous allâmes prendre notre repas sur un gradin de montagne qui était censé le jardin de la cure, et où poussait un peu d'herbe sous l'ombrage d'un jujubier; mais la pluie nous força bientôt de rentrer dans l'église, et un orage se déclara si impétueusement, qu'il fallut en attendre la fin pour songer à nous remettre en route. Le bon curé s'inquiéta de nous voir partir après l'averse. Il n'en fallait pas davantage pour rendre le sentier difficile et la Dardenne dangereuse. Il boitait trop pour nous accompagner, mais il chargea son neveu de nous reconduire.

Tout alla bien jusqu'au passage du torrent, qui, sans paraître encore bien méchant, avait mouillé toutes les pierres et les rendait fort glissantes. Frumence proposa de me prendre dans ses bras; mais j'étais déjà une petite princesse, et son habit noir du dimanche était si crasseux, sa chevelure noire était si inculte, même le dimanche, que toute sa personne m'inspirait un dégoût invincible. Je repoussai la proposition avec plus d'effroi que de politesse, et, tenant Denise par la main, je m'aventurai sur les escaliers naturels que l'eau commençait à descendre avec un certain bruit. Quand nous fûmes vers le milieu, je crus sentir que Denise tremblait; je vis ou je crus voir qu'elle me menait tout de travers, parce qu'elle avait le vertige, et, la tirant en sens inverse de toutes mes forces, je faillis la faire tomber.

— Allons, allons, ne vous disputez pas, avancez! nous cria Frumence, qui marchait derrière nous.

Cet avertissement me fit regarder la rivière en amont. Elle arrivait grossie, troublée, et chassant devant elle un flot d'écume jaune qui allait nous gagner. Denise perdit la tête et me chercha à sa droite, tandis que j'étais à sa gauche; moi, je ne sais ce que je fis. J'avais grand'peur, et je ne voulais pas le laisser paraître. Peut-être étions-nous en danger, lorsque Frumence passa vivement entre nous deux et saisit Denise par le bras, tandis qu'il m'enlevait comme une plume et m'asseyait sur son épaule comme il eût fait d'un petit singe. Il nous conduisit ainsi au rivage, poussant et chassant devant lui ma nourrice éperdue, et s'occupant fort peu de mon dépit d'être portée comme une toute petite fille, moi qui prétendais être déjà une demoiselle.

Je fus très-ingrate, car le pauvre garçon, tout en préservant Denise et moi, reçut la première brisée du torrent dans les jambes et fut mouillé jusqu'aux genoux, souillé de limon jusqu'à la ceinture. Il n'en tint compte, et, enchanté de voir que je n'avais pas même reçu une éclaboussure sur ma robe rose, il persista à me porter jusqu'au château, prétendant que je devais être fatiguée. J'étais furieuse et je n'osais résister, car, pour m'élancer à terre ou me débattre, il m'eût fallu salir ma robe contre son vêtement inondé. Je le détestais, et, n'eût été l'horreur que m'inspirait sa chevelure crépue, je lui en eusse arraché une poignée avec plaisir. C'est ainsi que je fis connaissance avec celui qui devait être le meilleur ami de ma jeunesse.

Nous trouvâmes des gens qui venaient à notre rencontre. Ma grand'mère était fort inquiète, elle nous attendait au bas de la terrasse. Denise, qui était fort exagérée en paroles, lui présenta Frumence comme un héros de dévouement qui nous avait arrachées à une mort certaine. Ma bonne maman fit donc grand accueil à Frumence ; elle voulait qu'on le mît dans un lit bassiné et qu'on lui fît un bol de vin chaud. Il remercia en riant, alla se sécher au feu de la cuisine et revint pour prendre congé ; mais c'était l'heure de notre dîner, et on ne voulut pas le laisser partir à jeun. Il se fit beaucoup prier; enfin il céda et se montra aussi sobre que son oncle l'était peu.

Il était réservé sans être timide, et les prévenances de Denise paraissaient l'importuner. Quand nous fûmes seules au dessert avec lui, ma grand'-mère et moi, il devint un peu moins concis dans ses réponses. Ma grand'mère le questionnait avec tant de douceur et de bonté, qu'il se résolut enfin à la renseigner sur son compte.

— Vous me faites beaucoup d'honneur, lui dit-il, en m'appelant M. Costel. Je ne suis ni le neveu ni le parent de votre excellent curé. Je suis un enfant trouvé, oui, *trouvé,* à la lettre, par lui-même, à la porte de son presbytère. Il m'a baptisé et mis en nourrice; il m'a élevé; il m'appelle son neveu par adoption, et il veut que je porte son nom, disant que c'est la seule chose qu'il puisse me laisser en ce monde.

— Voilà, dit ma grand'mère, une belle action que ce digne curé m'a toujours cachée.

— Elle est d'autant plus belle, reprit Frumence, qu'il l'a payée bien cher.

Là-dessus, comme il entrait dans des détails que je ne devais pas comprendre, ma grand'mère me demanda d'aller lui cueillir quelques grosses fraises que Denise avait oublié de lui servir, et, pendant que j'étais dans le jardin, Frumence raconta tout ce que j'ai su depuis. A l'époque où il fut trouvé par le curé, celui-ci avait une petite cure moins mauvaise, du côté de Pierrefeu. Personne dans la paroisse ne songea à incriminer l'apparition d'un enfant abandonné à sa porte ni le sentiment de charité qui le lui fit adopter. On connaissait la pureté de ses mœurs, et on ne pouvait soupçonner aucune fille du village en ce moment-là. Quelques années se passèrent ainsi; mais M. Costel fut dénoncé par une vieille bigote de la paroisse pour avoir trop prêché l'Évangile *pur et simple à la manière des protestants et des athées.* « C'était un gallican renforcé, il lisait plus de journaux qu'il ne disait de prières, il se piquait plus d'être helléniste que chrétien, enfin il avait chez lui un enfant dont on ne connaissait ni la mère ni le père; ce qui prouvait bien que M. Costel avait de mauvaises mœurs. »

L'évêque n'admit pas cette dénonciation sans examen. Il appela M. Costel devant lui, l'engageant à avouer ses fautes et lui promettant son indulgence. M. Costel était très-fier, un peu brusque et malheureusement pour lui très-peu diplomate. Il répondit avec trop de franchise et de hauteur. On le disgracia en l'envoyant à ce malheureux hameau des Pommets, où le casuel était nul et la misère complète.

Tout en cueillant mes fraises, je songeais à ce que Frumence avait révélé devant moi à ma grand'mère. Je ne savais nullement ce qu'on entend par un enfant trouvé ; mais, comme je savais qu'on m'avait trouvée moi-même à la Salle verte, je croyais que Frumence avait eu comme moi une existence mystérieuse et surnaturelle. Cela le relevait un peu à mes yeux, et j'aurais voulu entendre les explications qu'il donnait à ma grand'mère, certaine qu'il lui parlait de fées ou de génies.

Quand je rapportai les fraises, il parlait des études sérieuses que M. Costel lui avait fait faire durant ses longs loisirs dans le hameau abandonné, et ma bonne maman ouvrait de grands yeux en apprenant que l'oncle et le neveu étaient parfaitement heureux ensemble, grâce aux lectures et aux études qui les absorbaient et les rendaient insensibles aux privations et à l'horreur de l'isolement.

— Mais comment se fait-il, disait-elle, qu'instruit comme vous paraissez l'être, et chérissant le travail, vous n'ayez pas cherché un état qui vous mît à même de donner un peu de bien-être à ce pauvre cher curé ?

— J'ai essayé plusieurs fois d'aller donner des leçons à la ville, répondit Frumence ; mais c'est trop loin. Je perdais ma journée en allées et venues, et puis... je n'étais pas assez bien mis. On ne paye presque pas un homme qui porte la misère écrite sur son dos. J'ai essayé aussi d'entrer comme maître d'étude dans un collége ; mais il fallait laisser mon pauvre oncle tout seul dans la montagne, et, au bout d'un mois, quand je pouvais m'échapper, je le trouvais si dépéri et en même temps si exalté par la solitude, que je craignais de le voir tomber malade. Il avait pris une servante, avec laquelle il ne s'accordait jamais. L'oisiveté d'une femme qui ne trouve personne à qui parler devient un fléau pour un homme studieux qui n'aime pas qu'on lui parle pour ne rien dire. M. Costel était fort peu sensible à un ménage plus ou moins bien tenu. Il est si habitué à se passer de tout ! Mon absence lui était bien plus pénible que mes petites économies ne lui étaient profitables. Il me l'a dit franchement un beau jour, et j'ai renoncé à le quitter. Je lui sers sa messe, ce qui lui épargne un sacristain ; je soigne sa chèvre et ses poules, je ressemelle ses souliers tant bien que mal, j'ai même appris d'un ancien matelot à recoudre un peu ses manches. Que voulez-vous ! on fait ce qu'on peut, et la pauvreté n'est pas une si grosse affaire que l'on s'imagine !... Mais j'ai trop abusé de la bonté avec laquelle vous m'écoutez, madame, et je vais rejoindre mon cher oncle qui pourrait bien être aussi inquiet de moi, si je tardais, que vous l'étiez tantôt de votre petite-fille.

Là-dessus, l'honnête et digne garçon reprit son affreux chapeau, qu'il avait eu la discrétion de cacher par terre dans un coin, et il se retira en me saluant comme une grande personne; ce qui me réconcilia un peu avec lui.

— Prenez le chemin des moulins! lui cria ma grand'mère du haut de la terrasse; n'allez pas repasser le gué. Je vois d'ici que la rivière est décidément très-forte.

— Oh! qu'est-ce que cela fait? répondit Frumence en souriant. On passe toujours!

Il semblait vouloir dire qu'il était un trop pauvre diable pour que la rivière prît la peine de l'emporter.

J'eus la méchanceté de penser tout haut qu'un bain ne lui ferait pas grand mal.

— Ma chère enfant, me dit ma grand'mère d'un air fâché, un pareil homme serait plus facile à décrasser qu'une mauvaise âme.

— Est-ce donc que j'ai une mauvaise âme? demandai-je tout interdite.

— Non pas, grâce à Dieu! reprit ma bonne maman; mais, sans le savoir, vous avez parlé durement. Ce garçon vous a sauvé la vie ce matin, et vous ne pensez pas qu'il expose la sienne ce soir pour s'en retourner.

— Mais pourquoi l'expose-t-il, grand'mère? Il pouvait bien rester jusqu'à demain.

— Mais son oncle se serait tourmenté et chagriné toute la nuit, et M. Frumence, vous le voyez bien, aime son oncle plus que sa vie.

Je sentais bien que ma grand'mère me donnait une leçon. Elle ne m'en donnait jamais qu'indirectement, et je les comprenais; mais Denise me traitait comme une idole, et, gâtée par l'une, j'étais un peu disposée à résister à l'autre. Cela me mettait peut-être sur la pente de l'ingratitude en dépit de mes instincts qui n'étaient pas mauvais. Il est probable aussi que j'avais souffert trop jeune, et qu'il m'était resté une certaine irritation dont je n'aurais pu rendre compte.

Le dimanche suivant, l'abbé Costel reparut, et ma grand'mère lui reprocha de n'avoir pas amené son neveu.

— Il vous servirait la messe beaucoup mieux que mon jardinier, disait-elle, et nous aurions eu du plaisir à le voir. Nous l'aimons beaucoup.

Le curé répliqua que son neveu n'était pas loin, parce que, le voyant boiter encore un peu, ce brave enfant avait voulu l'accompagner jusqu'au gué, mais qu'il était trop discret pour se présenter au château sans être invité.

— Il faut l'envoyer chercher, s'écria ma grand'-mère. Je vais lui dépêcher Michel.

Elle ajouta en me regardant avec intention :

— Il a été excellent pour ma petite-fille, et Lucienne n'est pas ingrate.

Je compris le reproche, et, par orgueil plus que par bonté, je demandai la permission d'aller porter avec Michel l'invitation de ma grand'mère à M. Frumence.

— Oui, ma fille, c'est bien vu, dit ma grand'-mère en m'embrassant. Allez. Nous l'attendrons pour nous mettre à table. M. le curé prendra un à-compte, car il doit avoir grand'faim.

Je partis avec le domestique. Nous trouvâmes à cinq cents pas de là M. Frumence occupé à pêcher à la ligne, avec un livre sur ses genoux. Il avait ôté son habit, et il avait une chemise blanche toute en guenilles. Pourtant il me dégoûtait moins ainsi qu'avec son collet crasseux, et je fis ma commission avec assez de grâce. Il parut d'abord contrarié de se déranger; mais, sachant qu'on l'attendait, il remit à Michel les petits poissons qu'il avait pris, et m'offrit la main pour remonter au château. Cette main avec laquelle il venait de toucher le poisson ne me souriait pas. Je lui répondis que je savais marcher seule, et, pour le lui prouver, je me mis à courir en avant comme un cabri.

Comme je me retournais de temps en temps pour voir s'il me suivait, je rencontrai chaque fois son regard attaché sur moi avec l'expression d'une admiration naïve, et j'entendis qu'il disait au domestique :

— Quel enfant! je n'ai jamais rien vu de si joli et de si aimable.

Pauvre Frumence! il était pour moi quelque chose de laid et de répugnant, j'avais peine à le lui dissimuler, et je lui paraissais l'être le plus aimable de la terre!

Je ne sais si la générosité de son cœur me fit rougir, ou si je fus flattée de l'admiration que je lui inspirais : je commençai à croire qu'il n'était pas une bête, et peut-être bien *posai-je* devant lui instinctivement la légèreté de la course et la grâce des attitudes. Je pourrais l'avouer sans honte. J'ai reconnu, depuis, que tous les enfants sont facilement *poseurs,* et qu'ils s'enivrent de compliments comme les sauvages.

VI

Pendant mon absence, le curé, tout en faisant honneur à l'à-compte du déjeuner, avait entretenu ma grand'mère des nobles qualités et du rare mérite de son neveu adoptif. Il le lui avait dépeint comme un puits de science, un ange de candeur et de dévouement. J'ai su beaucoup plus tard qu'il n'avait rien exagéré. Ma bonne maman, qui était la charité et la sollicitude en personne, cherchait un moyen d'utiliser les loisirs de Frumence en améliorant le sort de l'oncle; mais M. Costel la supplia de n'en rien faire.

— Ne parlez pas de nous séparer, lui dit-il; nous sommes heureux comme nous sommes. La pauvreté m'a donné de l'inquiétude tant que j'ai cru qu'un jour viendrait où il me faudrait établir cet enfant, sous peine de le voir mal tourner. Eh bien, ce moment n'est pas venu. Frumence a déjà vingt ans, et il n'a jamais eu un moment d'ennui avec moi, par conséquent jamais une mauvaise pensée. Il est aussi sage qu'un philosophe et aussi pur qu'une source. Il a une excellente santé et il s'accommode de tout. Mon traitement est bien suffisant pour nous deux, et comme, à tort ou à raison, je n'approuve pas en théorie que le prêtre fasse payer les sacrements, je ne suis pas fâché que le casuel de ma paroisse soit nul. D'ailleurs Frumence n'est pas sans gagner quelque chose; il s'entend à la culture, et maître Pachouquin l'emploie à la journée de temps à autre pour la taille des oliviers et pour la récolte.

Maître Pachouquin était le cinquième habitant des Pommets, celui qui avait pris à ferme toutes les terres des absents.

Ma grand'mère, bien renseignée sur le compte de Frumence, se mit à chercher dans sa tête un moyen de l'occuper moins péniblement qu'au travail de la terre sans le séparer de son oncle; mais tout ce qu'elle proposa ce jour-là et les dimanches suivants fut éludé par les deux solitaires. Ils avaient toujours une raison de fierté ou d'insouciance à donner pour rester comme ils étaient. Ma bonne maman regrettait de n'être pas assez riche pour se permettre le luxe d'un aumônier. Elle eût pris chez elle l'oncle, et le neveu par-dessus le marché. Quand elle exprimait ce regret devant Denise, celle-ci secouait la tête. Peu à peu Denise avait découvert ou cru découvrir que les Costel n'étaient point orthodoxes : elle était trop ignorante pour argumenter contre eux; mais elle sentait que ses tendances au merveilleux n'étaient pas encouragées par le curé et donnaient envie de rire à Frumence.

Ma grand'mère avait pour Denise une grande amitié et beaucoup de déférence extérieure; mais il s'était fait entre elles une scission de tendances religieuses. Si une même foi les unissait au pied du même autel, une application différente de leur religion les poussait en sens opposé; ma bonne maman ne voulait pas qu'en dehors des pratiques du culte on fît intervenir le clergé à tout propos dans les relations sociales. Denise, de plus en plus mystique, n'admettait pas que l'on pût être honnête et utile en ce monde, si on ne travaillait pas avant tout pour l'Église. Elle appelait travailler pour l'Église consacrer tout son temps à décorer des chapelles et à pomponner des madones; elle se prenait de passion pour ces images et devenait idolâtre à son insu. Ma grand'mère craignit d'abord qu'elle ne me troublât l'esprit, ensuite elle craignit qu'à force de dédain pour les minuties de cette pauvre fille je ne devinsse incrédule; mais elle se tranquillisa en voyant que je n'écoutais qu'elle et me montrais disposée à la chérir exclusivement. Aussitôt que ma mère adoptive inconnue fut oubliée, c'est ma grand'mère que j'aimai sans partage, et je fus toujours docile avec elle.

Je franchis ici un certain espace de temps que ne marque aucun événement particulier avant le commencement de mon éducation. On me laissait un peu vivre et courir à ma guise, le médecin l'avait ordonné. Lorsqu'on m'avait ramenée à ma grand'mère, j'étais, dit-on, forte dans ma petite taille et bien constituée ; mais le changement de régime ou de climat m'avait rendue languissante. On ne songea donc point à m'apprendre à lire la première année. Quand on essaya ensuite de m'enseigner mes lettres, on découvrit que je lisais couramment, et que, soit paresse, soit malice, je ne m'en étais point vantée.

Le pays que nous habitions influa beaucoup sur la lenteur de mon développement, car ce pays était un désert. Nous n'y avions pas de proches voisins ; les nouvelles nous arrivaient de Toulon déjà vieilles, et ma grand'mère s'était si bien habituée à vivre en retard du mouvement général, qu'on l'eût effrayée en la pressant de s'intéresser à une actualité qui était toujours le passé pour elle. Quand on s'accoutume ainsi à l'acceptation passive des faits accomplis, il devient fort inutile de les commenter et on ne prend plus la peine de les bien comprendre, on les subit avec une indifférence un peu fataliste. Sous ce rapport, il y avait à cette époque, dans certains cantons du Midi, quelque ressemblance avec l'Orient.

Par son aspect aussi, notre pays exerce une influence stupéfiante sur l'esprit. La vallée de Dardenne est une des rares oasis du département du Var; mais, pour ceux qui ont parcouru les provinces du centre et du nord de la France, cette oasis est encore très-aride. Bien que notre manoir fût planté dans la partie la plus fraîche et la mieux arrosée de la gorge, autour de nous, les montagnes nues avec leurs croupes cendrées et leurs cimes de calcaire blanc brûlent les yeux et pétrifient la pensée. C'est un beau pays quand même, dur de formes, largement ouvert au soleil, âpre, sans grâce et sans charme, jamais coquet, mais jamais mesquin, jamais maniéré. On comprend que les Mores l'aient aimé; il semble fait pour ces races austères qui n'ont pas l'instinct du mieux et qui vivent dans la notion de l'immuable destinée. On le compare aussi à la Judée, berceau d'un idéal qui se détourne des jouissances terrestres et ne cherche sur les hauteurs que le rêve de l'infini.

Je ne saurais dire quelles furent mes premières impressions. Je ne pouvais m'en rendre compte; mais je sais bien que, d'année en année, cette Provence exerça sur moi un prestige d'écrasement intellectuel, si je puis ainsi parler, en même temps que ma personnalité, cherchant à réagir, soulevait en moi des orages sans explosion marquée. De là beaucoup de développement dans le sens de la rêverie, beaucoup de stagnation dans celui de la réflexion.

Bellombre est un ancien marquisat provenant d'une famille aujourd'hui éteinte. Le mari de ma grand'mère, bon gentilhomme de Provence et officier de marine distingué, avait acheté ce manoir avant la Révolution, et sa veuve ne l'avait plus quitté. Elle s'était mariée tard, et avait perdu son mari peu d'années après. Elle avait donc vécu seule la majeure partie de son âge, et, son fils l'ayant quittée à seize ans pour l'émigration, elle vivait depuis quinze ans plus seule que jamais quand elle me trouva et concentra sur moi toutes ses affections. L'habitude d'une existence solitaire, nonchalante et résignée, lui avait fait contracter un certain isolement de la pensée qui la rendait peu communicative. Sa délicate santé était une autre cause de goûts sédentaires, et, avec le cœur le plus tendre et le plus dévoué qui fut jamais, elle laissait régner entre elle et les objets de son amour une sorte de vide indéfinissable. Elle parlait peu, et à soixante et dix ans elle avait encore des timidités étranges. N'ayant, comme la plupart des filles nobles de son temps et de son pays, reçu aucune instruction, elle abordait avec réserve beaucoup de sujets sur lesquels elle eût craint de manifester son opinion, et, puisqu'il faut tout dire, elle passait pour une personne affable, bien élevée, hospitalière et douce, mais parfaitement nulle. Il y avait là une grande injustice, car elle avait le jugement sain, l'appréciation délicate et noble, et même l'esprit agréable, quand elle était à l'aise. Son manque d'initiative tenait à son organisation débile, à son milieu inerte, au despotisme de l'habitude, aucunement à une absence de facultés. D'ailleurs, n'eût-elle eu que celle d'aimer, n'est-ce pas une impiété que de décréter de nullité une âme généreuse ?

J'avais à dire ceci une fois pour toutes, afin que l'on ne s'étonne pas de l'indépendance absolue dans laquelle je fus élevée, et qu'on n'attribue pas la tolérance de ma grand'mère à une apathie morale. C'était plutôt chez elle un parti pris, en attendant que l'âge lui en fît une nécessité. Elle vivait aussi peu que possible, craignant le vent, la chaleur, la poussière, toutes les rudesses de notre dur climat, n'ayant jamais eu besoin de locomotion, ou ayant perdu la force de braver la fatigue. Elle se plaignait doucement d'être ainsi, et ne voulait à aucun prix me voir suivre la même pente. Elle s'inquiétait de me voir tranquille à ses côtés et me poussait dehors à toute heure, disant que les enfants ont pour père et mère, avant tout, le soleil. Plus tard, s'accusant modestement de n'avoir point développé son intelligence, elle me poussa à la vie de l'esprit et se plut à voir prendre à ma personnalité toute l'extension possible. C'est dire que je fus bien gâtée; mais je tiens à constater qu'on agit ainsi par système, et non par négligence.

VII

La demeure de ma grand'mère était comme le cadre nécessaire à sa douce image. Dans cette vieille maison lourde, carrée, insignifiante de formes, et sur ces roches ardentes qui l'élevaient au-dessus du lit de la Dardenne, la châtelaine s'était créé peu à peu une oasis de repos, de silence et de fraîcheur. Elle n'avait, à aucun prix, voulu vendre ses vieux arbres à la marine, cette implacable ennemie des ombrages du littoral. La maison était tout enveloppée d'ombre, et on y regardait à deux fois avant de couper une branche qui menaçait d'entrer dans les chambres. En outre, on avait laissé s'étendre les vignes, les chèvrefeuilles, les rosiers grimpants, les bignones et les jasmins des Açores, dont les berceaux s'étaient, dans le principe, arrondis sur les piliers à l'italienne qui dessinaient les allées du parterre; leurs guirlandes s'entre-croisaient de toutes parts sur des fils de fer, si bien que tout le jardin en terrasse était couvert de fleurs et de feuillages. Les plantes basses en avaient nécessairement disparu, on les cultivait au flanc de la colline. Ma grand'mère vivait sous son berceau et chérissait exclusivement certains arbustes exotiques dont jadis son mari avait, de ses lointains voyages, apporté la semence, entre autres un pittospore de Chine qui était devenu un arbre véritable, et dont le tronc lisse et noir se penchait en dehors de la terrasse et masquait un peu aux fenêtres du salon la grande et sereine perspective de la mer. On se résignait à sortir pour la regarder. Le pittospore était si beau, si chargé de fleurs au printemps, il donnait une ombre si persistante, et un arbre de cette espèce et de cette venue était si rare en France, que c'eût été un sacrilége même de l'ébrancher.

Naturellement je trouvais le jardin de la terrasse un peu étroit et un peu fermé. Je préférais le précipice de la Salle verte, où l'on arrivait par le potager quand l'eau était basse, mais où j'aimais à pénétrer par un passage étroit et dangereux sur les rochers situés en amont. Cette Salle verte était un petit cirque de rochers à pic couverts de végétation, où la Dardenne arrivait en cascatelles sur de gros blocs disposés avec une grâce sauvage, s'arrêtait tranquille pour former un tout petit lac, et sortait en recommençant à bondir et à gronder. C'était un délicieux endroit, mais où il ne fallait pas s'endormir en temps d'orage, car une crue subite du torrent pouvait vous couper la retraite par l'une et l'autre issue. Il m'était défendu d'y aller seule ; aussi, dès que j'étais seule, je ne manquais pas d'y aller.

Au-dessous du château et en aval de la Salle verte, nous avions un vieux moulin alimenté par un canal d'origine moresque et toujours bien entretenu, qui nous amenait les eaux de la belle source de la Dardenne. Le torrent de la Salle verte n'en était que le trop-plein. Ce canal, réuni plus bas au torrent, formait une véritable rivière qui allait faire tourner d'autres moulins dans la direction de Toulon. Toute la gorge, fortement inclinée vers la mer, descendait en étages de plus en plus spacieux. Au pied de la longue et imposante montagne du Pharon, du point où nous étions, nous dominions un paysage immense de profondeur, resserré dans de hautes et fières collines, et terminé par une muraille d'azur, la Méditerranée

Le canon des forts tonnait au loin à toute heure ; l'entrée bruyante des navires dans le port, tous les signaux, tous les saluts étaient répétés dix fois par les échos de la montagne. La Dardenne grondait souvent aussi, quand les orages la rendaient méchante et lui faisaient franchir ses grands escaliers naturels de roches calcaires où croissaient les myrtes et les lauriers-roses. Le contraste de ces fracas soudains et brutaux avec ce paysage morne et désert est une des premières impressions d'enfance que je me retrace vivement. Plus tard, je l'ai souvent comparé à celui de ma vie intérieure, agitée, fantasque, au sein d'une vie extérieure aride et monotone.

Ma grand'mère cherchait toujours un moyen d'adoucir la misère de l'abbé Costel et de son fils adoptif, quand une occasion se présenta. Une nièce que ma bonne maman aimait mourut, et je vis cette chère mère pleurer pour la première fois, ce qui m'émut beaucoup. La défunte nièce, qui demeurait à Grasse de son vivant, venait pourtant nous voir si rarement, que je me la rappelle à peine. C'était une demoiselle d'Artigues, mariée sans fortune à un Valangis du Dauphiné, homme très-orgueilleux et très-nul, qui l'avait laissée pauvre avec un fils en bas âge. En mourant à son tour, elle avait exprimé le désir que ma grand'mère prît la gouverne de son fils unique, alors âgé de douze ans, et voulût bien lui servir de tutrice. L'héritage qu'elle lui laissait consistait en une trentaine de mille francs placés chez un notaire de Grasse.

Ma grand'mère accepta cette nouvelle charge avec reconnaissance, et le jeune Marius de Valangis nous arriva un beau matin à Toulon par la diligence. Le domestique alla l'y chercher en carriole, tandis que nous préparions sa chambre et son souper.

Je me réjouissais fort de l'idée d'avoir un compagnon de mes jeux, ne fût-ce que pendant quelques semaines, et je courus au-devant de mon petit-cousin sur la route. Je fus un peu intimidée en le voyant descendre de voiture, venir à moi et me baiser la main avec la grâce et l'aplomb d'un homme de trente ans, puis passer mon bras sous le sien et me ramener chez nous en me demandant des nouvelles de sa grand'tante, dont il avait entendu parler comme de la meilleure des femmes, et qu'il était pressé de connaître et d'embrasser de tout son cœur.

Je ne sais s'il avait appris cela d'avance ; mais il le disait si bien, il était si grand pour son âge, il avait une si charmante figure, de si beaux cheveux blonds frisés, une tournure si élancée dans sa veste de velours noir, le cou si dégagé dans sa collerette empesée, les pieds si cambrés dans ses petites guêtres à boutons brillants, enfin il était si joli, si poli, si peigné au moral et au physique, qu'il m'inspira d'emblée la plus haute estime et le plus profond respect.

— C'est un vrai gentilhomme! dit ma grand'mère à Denise lorsqu'il lui eut débité son compliment d'arrivée, tout pareil à celui qu'il m'avait débité à moi-même; je vois qu'il est élevé à ravir, et qu'il ne nous donnera point d'embarras. Mais au fond de son cœur ma grand'mère pensait peut-être qu'il eût mieux fait de se jeter dans ses bras sans lui rien dire, et de pleurer avec elle au souvenir de sa mère, morte si récemment.

VIII

Je ne fis pas cette réflexion. Piquée d'émulation par les belles manières de mon petit-cousin, je voulus lui prouver que je n'étais pas une sotte campagnarde, et je me mis à lui faire les honneurs de chez nous avec une solennité pleine de grâce. Nous étions l'un et l'autre parfaitement ridicules. Ma grand'mère avait trop de bon sens pour ne pas s'en apercevoir bientôt. Elle nous engagea à être un peu moins guindés, et à courir dans le jardin en attendant le souper.

Marius ne s'aperçut pas de l'épigramme ; il m'offrit encore son bras, ce qui me flattait beaucoup, et nous nous promenâmes raisonnablement sous le berceau sans qu'il parût remarquer rien qui méritât son attention. J'avais si souvent entendu vanter notre réseau de fleurs et de guirlandes suspendu sur sa triple rangée de colonnes à l'italienne, nos rocailles murmurantes, la grande vue de la terrasse et la beauté du pittospore de Chine, que j'essayai de les lui faire apprécier. Il trouva le pittospore bien lourd et bien noir, les rocailles bien laides, les colonnes bien vieilles et la vue *bien drôle.*

— Pourquoi drôle ? lui demandai-je.

— Je ne sais pas ; c'est tout enfoncé comme une grande rue. Et ça, là-bas, cette chose bleue, est-ce que c'est ça la mer ?

— Oui ; vous avez dû la voir de plus près en passant à Toulon.

— Peut-être ; je ne l'ai pas regardée. C'est donc ça l'Océan ?

Je crus qu'il se moquait de moi. Un jeune homme si accompli et si bien élevé pouvait-il ignorer que la Provence est baignée par la Méditerranée ? Je n'osai lui répondre, craignant de manquer d'esprit pour soutenir un persiflage, et je lui demandai s'il avait eu du chagrin de quitter son pays.

— Pas du tout, me dit-il sans paraître se rappeler la perte de sa mère ; j'avais des maîtres bien ennuyeux, et, si ma grand'tante veut me garder à la campagne, je serai très-content de pouvoir monter à cheval et chasser. Y a-t-il du gibier par ici ?

— Oui, nous en mangeons souvent. Vous savez donc tirer des coups de fusil ?

— Certainement, et j'ai apporté le mien.

— Est-il bien grand, bien lourd ?

— Non ; mais il tue très-bien les perdrix ;

— Vous en avez tué beaucoup ?

— Oui, j'en ai déjà tué une et blessé une autre.

Mon cousin me sembla bête ; mais je me défendis de cette idée comme d'une impertinence de mon petit jugement, et la cloche nous appela à table.

Comme il mangeait délicatement et proprement, mon petit-cousin ! Jamais il ne s'essuyait la bouche avec la nappe comme M. Frumence ; jamais il n'avait le menton barbouillé de sauce comme M. Costel ; jamais il n'étendait la main pour prendre un bonbon ou un fruit dans une assiette de dessert, comme cela m'arrivait encore quelquefois à moi-même. Il se tenait droit sur sa chaise, il ne faisait pas une tache à sa chemise brodée, il était prévenant et faisait les honneurs de la table à ma grand'mère et à moi. Denise était stupéfaite d'admiration, et cette fois je n'étais point en désaccord avec Denise.

IX

Il est temps que je résume dans ma mémoire la petite dose de connaissances que j'avais pu acquérir à cette époque (1813). Ma grand'mère m'avait appris à peu près tout ce qu'elle savait, lire, écrire, coudre et compter. J'en savais même plus qu'elle, car elle n'était pas ferrée sur l'orthographe, et, comme j'avais la mémoire des yeux, à force de lire, j'avais appris d'instinct une certaine correction au-dessus de mon âge. J'aimais passionnément la lecture, et je savais par cœur le petit nombre d'histoires et de romans à ma portée qui formait la bibliothèque très-exiguë du manoir. On m'y laissait puiser sans contrôle ; il n'y avait là rien que de très-innocent, mais aussi il n'y avait rien de réellement instructif. Pourtant j'y avais acquis toute seule quelques notions d'histoire, de géographie et de mythologie. J'aspirais à en savoir davantage. Ma grand'mère commençait à être au bout de son rouleau, et d'ailleurs sa vue s'éteignait rapidement. Elle disait souvent qu'il me faudrait bientôt une gouvernante qui ne s'ennuierait pas dans notre désert et qui s'accorderait avec Denise. Ce n'était pas bien facile à trouver.

Quand elle eut à s'occuper de Marius, son embarras augmenta. Marius était fort tranquille, et les exercices équestres, les exploits cynégétiques annoncés par lui se bornèrent à la mort de quelques moineaux qu'il guettait au repos avec beaucoup de patience et tuait presque à bout portant, et à quelques tours de prairie sur le petit cheval du meunier, qui n'avait pas la moindre malice. Un jour, son fusil, qu'il avait un peu trop bourré, le repoussa et lui fit peur; un autre jour, le bidet, qu'il voulut éperonner, lâcha une petite ruade et le désarçonna sur le gazon. Il devint fort prudent. Les promenades à pied ne le rassuraient pas non plus. Il s'était vanté d'être un grand marcheur et d'avoir le pied montagnard : lorsqu'il me vit descendre en courant à la Salle verte et traverser le torrent sur les grosses pierres, il fit contre fortune bon cœur et me suivit; mais il déclara que c'était un vilain endroit et qu'il aimait mieux le jardin. Quant à la mer, où l'on nous conduisit en voiture, il la trouva fort sotte; car, à peine eut-il mis le pied sur une barque, il eut le vertige et se coucha de son long, disant qu'il se sentait mourir.

Ma bonne maman n'avait donc pas à craindre la turbulence et les témérités d'un petit démon. Elle ne s'en plaignit pas. Marius était, en fin de compte, un honnête enfant, d'une candeur sans tache et d'un excellent caractère; s'il n'avait aucune qualité saillante, en revanche il n'avait aucun défaut inquiétant, aucun vice redoutable. Elle pouvait bien le garder près d'elle, nous confier l'un à l'autre et dormir sur les deux oreilles; mais quelle éducation donner à ce garçon, lorsqu'elle se trouvait insuffisante à celle d'une fille? Elle consulta l'abbé Costel et Frumence, avec lesquels elle se liait de plus en plus.

— Il faudrait avant tout, répondit le curé, savoir où en est le jeune homme, et, si vous le désirez, Frumence le soumettra à un petit examen préalable.

— Soit, dit ma grand'mère. Je crains d'être trop ignorante pour l'interroger. Que M. Frumence s'en charge, il me rendra grand service.

Marius de Valangis s'était toujours montré affable et poli avec *tous les inférieurs;* mais, quand il vit ce pauvre hère de Frumence érigé en juge de son mérite, il éprouva un accès de dédain qui frisa l'impertinence. Il le prit avec lui sur un ton de persiflage et répondit à ses questions par des billevesées qui m'émerveillèrent ; mais il n'avait pas assez d'esprit pour déconcerter Frumence, qui lui répondit avec une certaine malice beaucoup mieux aiguisée. Marius, humilié, fondit en larmes, et, comme il n'était ni vindicatif ni réellement insolent, il avoua qu'il ne savait rien de ce qu'on lui demandait de savoir.

— Il n'y a peut-être pas de votre faute, reprit Frumence ; peut-être s'y est-on mal pris pour vous enseigner.

Et, quand il fut seul avec son oncle et ma grand'mère, Frumence leur déclara que Marius savait à peine lire, qu'il n'avait pas la plus petite notion des choses élémentaires, qu'il savait peut-être danser et jouer des contredanses sur le violon, comme il s'en vantait, mais qu'il ne savait pas plus de latin que de français, et que, si on le mettait au collége, il n'était bon qu'à entrer en huitième.

— Que Dieu me préserve, dit ma bonne maman, de mettre ce garçon de douze ans, qui a l'air d'en avoir quinze, avec les petits. Je vois que sa mère a reculé devant cette humiliation, je ne dois donc pas la lui infliger. Voyons, monsieur Frumence, j'ai eu et j'ai plus que jamais une idée. Il ne vous faut pas, avec les bonnes grandes jambes que vous avez, plus d'une demi-heure pour venir de chez vous ici. Venez tous les jours passer avec nous six heures, les repas compris. Vous aurez la matinée et la soirée à passer avec votre cher oncle, et vous me laisserez rétribuer votre temps et vos peines du mieux qu'il me sera possible. Je sais qu'avec vous, s'il y a des difficultés, ce sera pour vous faire accepter ce qui vous est dû; mais vous allez me promettre d'en passer par où je voudrai.

Frumence refusa d'être payé, prétendant que deux repas par jour, c'était bien assez de dépense pour ma grand'mère. Et puis cela lui semblait aussi étrange de vendre la science à des personnes aimées, qu'à son oncle de vendre les sacrements à des personnes croyantes.

— Si vous n'acceptez pas un traitement, reprit ma grand'mère, je ne puis accepter votre dérangement et vos fatigues.

Frumence hésitait. Il n'osait pas refuser d'être utile à ma grand'mère, qu'il aimait et respectait réellement; mais il était aisé de voir que l'idée de se déranger tous les jours et d'éduquer un personnage aussi inculte que mon cousin était pour lui un sacrifice et une contrariété auxquels il préférait de beaucoup sa misère, son pain noir et ses habits râpés.

— Conseillez-le donc dans son intérêt, dit ma grand'mère à l'abbé Costel.

— Son instinct, ma chère dame, répondit philosophiquement le curé, c'est d'avoir le moins d'ennuis possible en ce triste monde, et je crois que la difficulté d'instruire monsieur votre neveu peut devenir un chagrin pour lui, s'il échoue, et si l'enfant, comme il est possible, le prend en aversion.

— Vous avez raison, mon oncle, s'écria M. Frumence. Je redoute cela par-dessus tout.

— Et vous avez tort, reprit ma grand'mère. Marius est fort doux, et, s'il n'est pas aussi intelligent que je l'aurais cru, vous serez peut-être dédommagé par ma petite-fille, qui a bonne envie d'apprendre, et qui n'est pas du tout sotte.

Ici la physionomie de Frumence changea d'expression si brusquement, que j'en fus surprise. Il me regardait avec ses gros yeux noirs, devenus brillants, et une rougeur subite empourprait son teint bilieux.

— Est-ce que,... murmura-t-il en me regardant toujours, est-ce que j'aurais aussi l'honneur... et le plaisir de donner des leçons à mademoiselle Lucienne?

— Mais certainement, répondit ma grand'mère. Elle en sera reconnaissante, et elle y fera honneur.

— Est-ce vrai, mademoiselle Lucienne? reprit Frumence avec une expression de franchise et de cordialité irrésistible.

Je répondis que c'était vrai; mais, en même temps, deux grosses larmes s'échappèrent de mes yeux. J'étais partagée apparemment entre l'estime sympathique que méritait Frumence et le dégoût que m'inspirait sa misère. Mon émotion ne fut pas comprise, ou bien il plut à ma bonne maman de l'attribuer à un sentiment généreux sans mélange.

— C'est bien, ma fille, me dit-elle, vous êtes sage; embrassez-moi.

— Est-ce que vous voulez me donner une poignée de main, à moi? dit Frumence vivement attendri.

Il fallut bien lui tendre ma petite main, dont je prenais le plus grand soin depuis que j'avais entendu Marius professer le plus profond mépris pour les ongles noirs; mais ce fut avec une sensation d'horreur que je vis Frumence porter ma main à ses lèvres, et je faillis m'évanouir. Ma grand'mère vit le combat intérieur que je me livrais, et elle m'envoya avec le curé rejoindre mon cousin.

Ce qu'elle dit à Frumence, qui dès lors acceptait avec enthousiasme la fonction de précepteur, je l'ai su depuis par lui-même. Elle lui dit que j'avais les nerfs très-délicats, et qu'il fallait ôter tout prétexte à antipathie ou à raillerie entre lui et ses élèves. Elle le força d'accepter de l'argent d'avance, et des arrangements furent pris pour la métamorphose sous laquelle Frumence nous réapparut le dimanche suivant.

Nous l'attendions, Marius et moi, sans impatience, comme on peut le croire ; nous avions passé la semaine à nous lamenter sur le choix de ma grand'mère. Marius affichait le plus complet dédain pour le cuistre en guenilles que l'on nous imposait, et il se promettait, avec sa forfanterie habituelle, de lui jouer les plus mauvais tours et de ne rien apprendre avec lui. Je sentais bien que Marius avait tort ; mais, quand il contrefaisait la tournure et les manières de Frumence ; quand il imitait, avec un vieux journal ridiculement plié et mirérablement percé, le délabrement de son habit et de son chapeau ; quand il me disait : « Je mettrai mes gants pendant la leçon afin de ne pas toucher les plumes qu'il aura touchées ; ma tante fera bien de nous fournir du papier noir et de l'encre blanche pour nos devoirs, car, quand il les aura maniés, l'encre ne se verra plus sur le papier blanc, » et mille autres sarcarmes tout aussi terribles, je n'osais plus dire un mot en faveur du pauvre pédagogue, et je faisais assaut d'esprit avec mon incomparable petit-cousin.

Enfin Frumence se montra, et j'hésitai un moment à le reconnaître. Il avait du linge blanc tout neuf, un modeste habillement et un chapeau tout neufs, des chaussures neuves, les cheveux peignés, taillés, domptés, nettoyés à fond; des gants, et, les gants ôtés, des mains et des ongles irréprochables, bien que durcis et usés encore par le travail; la barbe bien rasée, la figure propre et comme éclaircie malgré le hâle et le ton naturel, qui était fort brun; en un mot, Frumence était non-seulement renouvelé dans l'enveloppe de sa personne, mais encore on voyait qu'il avait promis de soigner sa personne même, et qu'il comptait tenir parole. Il fut gauche, hésitant, embarrassé durant quelques jours dans cette préoccupation; mais ce fut tout. Il resta propre dans ses habits et dans ses habitudes, et il arriva très-vite à ressembler à un homme qui aurait toujours vécu dans l'aisance et en contact avec la société. Je pensai alors que pareille chose m'était peut-être arrivée, que pareille transformation avait dû s'opérer en moi quand je passai de la vie errante, de la détresse peut-être, aux mains parfumées de ma grand'mère.

Quant à Frumence, les soins et la bonne nourriture eurent bientôt réparé sa maigreur, et sa pâleur se colora d'un reflet de santé. Un jour vint bientôt où Denise dit à ma grand'mère :

— Savez-vous, madame, que M. Frumence est très-bien arrangé à présent, et que c'est même un très-beau garçon ? Qu'en pense Lucienne ?

— Moi, m'écriai-je, je suis contente de le voir décrassé ; mais je le trouve toujours très-laid. N'est-ce pas, Marius, qu'il est affreux ?

— Non, dit Marius, c'est un beau paysan.

— C'est un homme superbe, dit ma grand'mère, qui ne trouvait pas inutile de rabaisser de temps en temps la vanité de son petit-neveu. Il a des yeux magnifiques, des dents, des cheveux, une taille...

— Et des pattes ! s'écria Marius.

— De grandes pattes bien faites et dont il sait se bien servir, reprit ma bonne maman. Je souhaite pour vous, mon petit, que vous soyez un jour pareil à cet homme-là sous tous les rapports.

Marius fit la grimace et ne répliqua rien ; mais il se hâta de me persuader, en chuchotant avec moi dans un coin, que Frumence n'aurait jamais l'air distingué, et que de pareils beaux hommes avaient leur place à la charrue, ou, quand on les habillait à neuf, derrière une voiture.

Je ne m'inquiétais guère en réalité de la figure belle ou laide de Frumence. Les enfants ne s'y connaissent pas, et mon cousin était pour moi le type exclusif de la distinction; mais, en refusant cette distinction naturelle ou acquise à notre pédagogue, il agissait sur l'opinion que pendant longtemps je devais conserver de lui. Le dégoût avait disparu, l'estime et même l'amitié arrivaient naturellement; mais, malgré le soin délicat que prenait ma grand'mère de faire ressortir devant nous le désintéressement et la fierté de Frumence, il suffisait d'un mot de Marius pour me le faire considérer comme une nature subalterne, inférieure à la sienne. Nous n'avions alors à coup sûr aucune théorie sur la hiérarchie sociale; nous obéissions à cet instinct qui porte les enfants à chercher quelque chose d'inconnu au-dessus d'eux, jamais ou bien rarement au-dessous. Ils sont en cela comme l'humanité tout entière, qui ne veut point revenir sur ses pas; mais ils ne sauraient comprendre que leur idéal puisse être revêtu de son mérite intrinsèque. Ils le veulent habillé d'or et de satin, dans un palais de fées. Pour moi, les jolies vestes, les petites mains et les belles boucles blondes de mon cousin, peut-être même aussi sa chaîne de montre et sa pommade à la rose constituaient une supériorité indiscutable sur tous ceux qui nous entouraient. Il ne faut pourtant pas croire que mon cœur ou des sens précoces fussent émus par sa présence. J'étais enfant dans toute l'acception du mot, et je dois dire dès le début de mon histoire que non-seulement je n'étais pas amoureuse de lui, mais encore que je ne l'ai jamais été. Là est l'étrangeté du sentiment qui devait agiter mon existence et la sienne.

Sa domination sur moi fut d'autant plus illogique dans le principe, qu'il me fut un continuel sujet d'impatience ou d'ennui. Il n'avait aucun de mes goûts et il me sacrifiait fort peu les siens, tandis qu'à toute heure les miens lui étaient sacrifiés avec ou sans murmure. J'avais l'habitude et le besoin d'une ardente locomotion, et, tout entière à ce que je faisais, j'arrivais à aimer l'étude avec passion. Pour lui, la leçon de Frumence était un fléau auquel il se résignait en protestant par une invincible inertie, et le mouvement était une fatigue qu'avec la meilleure volonté du monde il n'eût pu supporter comme moi. Sa santé était aussi délicate que son esprit était paresseux. Il retardait donc considérablement les progrès que j'aurais voulu et que j'aurais pu faire avec Frumence, et, si ma grand'mère n'eût exigé que je fisse, avec ou sans Marius, l'exercice accoutumé, j'eusse passé toutes mes récréations à jouer aux cartes avec lui ou à lui voir essayer son adresse au bilboquet.

XI

Je n'ai encore rien dit du petit nombre de personnes qui, en dehors de l'abbé Costel et de Frumence, du bon et véritable ami de la famille, M. Barthez l'avocat, et du médecin, M. Reppe, constituaient nos relations; je ne puis dire notre entourage, car nous n'avions presque pas de voisins. Le dimanche seulement, nous recevions de Toulon quelques visites qu'en raison de son âge et de ses infirmités ma grand'mère n'était guère tenue de rendre, et qu'elle ne rendait qu'une ou deux fois par an.

Les plus importants de ces visiteurs étaient l'amiral commandant le port, personnage qui changeait de station au moment où l'on commençait à faire connaissance avec lui; le préfet, qui changeait également, et devant lequel ma grand'mère, royaliste prudente, s'observait toujours; le procureur impérial, qui était un vieux ami de la famille, homme excellent, très-minutieux, et qui n'avait pas une pensée, pas une préoccupation en dehors de ses fonctions. Il avait une femme couperosée qu'il amenait quelquefois, et qui passait tout son temps à nous plaindre de l'isolement où nous vivions et à nous presser d'habiter la ville, dont elle nous disait en même temps pis que pendre. Un gentilhomme ruiné, qui s'était un peu refait dans le commerce et qui se disait notre cousin, venait aussi quelquefois. Il s'appelait M. de Malaval, et portait encore la queue et les ailes de pigeon. Cet homme, très-honnête en affaires, très-sincère de cœur, très-sûr dans les relations, a toujours eu un travers inexplicable que l'on reproche à tous les Méridionaux, et dont il était le type le plus complet. Il ne pouvait dire trois paroles sans trahir la vérité le plus innocemment du monde. Soit qu'il parlât sans réfléchir et ne voulût jamais rester court, soit que les faits se présentassent dénaturés et comme renversés à sa première appréciation, ses répliques étaient autant de mensonges dont il fallait prendre le contre-pied. Si on lui demandait la distance d'un lieu à un autre, il prononçait d'un ton péremptoire un chiffre imaginaire qui se trouvait toujours du double en plus ou en moins dans la réalité. Si on lui parlait de la hauteur d'une montagne, il n'hésitait pas à dire qu'elle avait douze cents toises quand elle en avait à peine deux cents, et réciproquement il la déclarait petite quand elle était grande. S'il nous donnait des nouvelles de la rade, il nous annonçait l'arrivée et nous citait les noms de navires qui n'existaient que dans son cerveau, ou le départ de ceux qui n'avaient pas quitté le port. Toutes les anecdotes dont il ornait la conversation, toutes les connaissances historiques qu'il se piquait d'avoir, étaient complétement erronées. Je n'ai jamais entendu de nouvelliste plus mensonger. Il avait toujours lu dans le journal des événements extraordinaires dont il n'avait jamais été question, et cela, sans être ni pessimiste ni alarmiste, car il nous annonçait toujours quelque victoire de la grande armée six semaines avant la bataille. Un jour, il soutint au procureur impérial que, par son ministère, il avait fait condamner à mort, la veille, un homme qui avait au contraire été acquitté. Il était présent à l'audience, il avait entendu prononcer le jugement, je ne sais pas s'il n'avait pas vu l'homme sur l'échafaud.

Le plus singulier de l'affaire, c'est que M. de Malaval avait un inséparable ami, M. Fourrières, ancien capitaine de vaisseau, qui avait la cervelle aussi troublée que lui et le même aplomb pour affirmer innocemment le mensonge. Sans passion, sans parti pris, sans motif aucun, ces deux hommes s'entr'aidaient pour défigurer tous les faits possibles. Ils avaient la mémoire fausse comme on a la voix fausse; ils racontaient à deux leurs histoires improvisées et s'interrompaient mutuellement pour consulter de bonne foi leurs souvenirs, l'un enchérissant à point nommé et avec conviction sur les rêveries de l'autre. On eût pu les croire fous. Dans la pratique de leur vie, ils étaient pourtant fort raisonnables. Ma grand'mère disait que feu son père avait eu le même travers, et elle attribuait cette bizarrerie à l'usage des liqueurs fortes et aux émotions de la vie maritime.

J'en passe et des meilleurs; mais je dois mentionner une certaine madame Capeforte qui se disait d'origine anglaise et qui s'intitulait quelquefois Capford, bien que tout le monde connût les Capeforte ses ancêtres, meuniers de père en fils. Elle habitait le plus grand des moulins à l'entrée de la vallée, une ancienne et forte usine délabrée qui avait des airs de citadelle et qu'elle appelait volontiers son château. C'était une femme grande et sèche, plate de taille, de figure et de caractère, qui s'introduisait chez nous d'un air humble et impertinent sous prétexte d'associer ma grand'mère à des œuvres de bienfaisance et à des concours de dévotion. Elle n'était aimée de personne, et ses meuniers, qu'elle traitait de Turc à More, prétendaient qu'elle embrouillait les chiffres et gardait bonne part des pieuses collectes dont elle se faisait dépositaire, pour relever son commerce et amasser une dot à sa fille.

Cette fille, droite comme un pieu et sèche comme une coquille, allait quelquefois seule faire des quêtes à domicile. On disait qu'elle était surtout en quête d'un mari. Je ne sais qui de la fille ou de la mère me paraissait la plus haïssable, la plus aigre, la plus mielleuse et la plus hypocrite. Elles avaient pris la dévotion comme un moyen de parvenir en pénétrant dans les familles, en se faisant protéger par le haut clergé et en s'imposant comme de saintes et respectables personnes aux vieilles maisons nobles du pays. Ma grand'mère en avait été longtemps dupe, et Denise aimait à faire des cancans avec elles sur M. Costel et sur les autres incrédules des environs; mais ma grand'mère, dont le bon sens augmentait avec l'âge, faisait peu de cas de ces dames et imposait silence à ma nourrice.

XII

Ce qui contribuait beaucoup à éclairer l'esprit de ma chère bonne maman, c'étaient les leçons que nous donnait Frumence, et auxquelles elle assistait souvent. Sa vue s'affaiblissait de jour en jour ; elle ne pouvait presque plus se servir de son aiguille, et même, pour tricoter, elle avait besoin que je fusse auprès d'elle pour relever les mailles qu'elle échappait. Elle n'écouta pourtant guère les leçons dans les commencements ; elle s'était imaginé qu'elle n'y comprendrait goutte.

— J'ai toujours vécu ignorante, disait-elle, et, pour ce qui me reste de temps à vivre, ce n'est pas la peine de changer.

Mais l'enseignement de Frumence était si clair et si intéressant, qu'elle y prit goût, et il lui arriva cette chose extraordinaire d'acquérir à soixante-quinze ans des notions plus étendues que celles de sa jeunesse. Comme une lampe qui jette un plus vif éclat au moment de s'éteindre, l'intelligence de ma grand'mère s'éclaira au déclin de sa vie. Sa piété se purifia de tout alliage superstitieux, et même ses idées sur la société se dégagèrent des préjugés de son temps et de son milieu. Lorsque l'Empire s'écroula et que le retour des Bourbons ramena les prétentions et les croyances d'une autre époque, elle se préserva d'une fausse ivresse et se tint à l'écart de toute cruelle et puérile réaction légitimiste. Elle avait toujours eu un fonds de sagesse et de raison que de violents chagrins et la fâcheuse influence de Denise, à certains moments, n'avaient pu détruire. En recouvrant l'indépendance de son esprit, elle ne fit sans doute que redevenir elle-même.

Mais Denise était incapable de faire un progrès quelconque. Elle s'alarma bientôt de l'importance que Frumence prenait dans la famille. Après l'avoir accueilli et admiré dans les premiers temps, elle s'inquiéta de ce qu'elle appelait son irréligion, et se mit à le tourmenter singulièrement. Denise était encore jeune et se disait veuve ; ma bonne maman savait bien qu'elle n'avait jamais été mariée et qu'elle pouvait encore perdre la tête. Il se passa là sous mes yeux un petit drame auquel ni Marius ni moi ne pûmes rien comprendre, bien qu'une circonstance dont je fus frappée eût dû me mettre sur la voie des découvertes ou des inductions.

Un jour, — j'avais environ douze ans alors,

j'apprenais très-bien mes leçons, et tout le monde était enchanté de moi, — j'avais obtenu de ma grand'mère, comme récompense de mon édifiante conduite, d'aller voir le Régas avec Frumence, Marius et Denise. Le Régas, ou régage, ou ragage, ou ragas, car ce nom générique s'applique, avec toute sorte de variations patoises, à tous les abîmes de nos montagnes, est un puits naturel, où, à une profondeur effrayante, dort une eau muette que l'œil peut à peine saisir. L'ouverture de ce puits est une grande fente verticale, tordue et béante au flanc du rocher à pic, et dans l'échancrure de laquelle pousse un beau pistachier, le seul de cette région, jeté avec grâce sur cette chose grandiose et désolée. La terrasse qui sert comme de palier à cette porte de l'abîme est une sorte d'impasse qui se présente comme le dernier gradin accessible au pied d'une dernière cime, et qui forme un jardin sauvage rempli d'arbres et de fleurs au milieu de roches éparses et de formidables débris.

Pour arriver là du lit de la Dardenne, il faut gravir à pic pendant une demi-heure. Marius, n'en pouvant plus, se jeta sur l'herbe après avoir déclaré toutes choses affreuses dans cet abominable endroit, et il s'endormit profondément. Je ne me sentais point lasse, et je trouvais l'endroit fort à mon gré sans oser le dire. Le grandiose par-

lait à mon imagination. La Méditerranée, vue de
là, se dressait au loin, comme une muraille d'azur,
entre les déchirures bizarres des cimes du premier
plan. Les autres cimes échelonnées jusqu'à celle
qui nous enfermait étaient blanches comme la
neige; les pins tordus et déjetés qui grimpaient
sur leurs flancs, les aloès qui remplissaient leurs
crevasses, paraissaient noirs comme de l'encre.
Les sommets tourmentés de l'arête que nous venions de franchir nous cachaient le fond de la vallée. C'était ardent et austère. Je m'y sentis exaltée
et recueillie en même temps, et j'eus un effort à
faire pour écouter les explications que nous donnait Frumence sur le phénomène du Régas. Il nous
montra le lit desséché du torrent qui s'échappe de
cette énorme bouche verticale quand les pluies
ont rempli le gouffre.

— Ceci ne se présente qu'une ou deux fois par
an, nous dit-il, quand il a plu sans interruption
pendant deux ou trois jours. Vous voyez cependant
que la pluie ne peut guère pénétrer par ici dans
cette caverne; mais elle s'y insinue par toutes les
fissures de la cime ou par des affluents cachés
dans l'intérieur du massif. Elle s'y amasse comme
dans un siphon; puis, quand le trop-plein est éta-
bli, elle s'échappe avec fureur, et va de chute en
chute grossir le lit de la Dardenne, dont elle est

probablement une des sources les plus abondantes, mais la plus inutile, puisqu'elle manque d'issue habituelle. Un jour peut venir où on essayera de creuser un canal souterrain du lit inférieur de la Dardenne au niveau de cette source. J'y suis venu souvent, j'y ai fait des expériences avec mon oncle, et nous avons constaté qu'en temps de sécheresse il y a toujours dans ce puits une énorme quantité d'eau improductive qui pourrait alimenter une ville comme Toulon; mais il faudrait découvrir, pour percer la puissante base de cette montagne, des forces supérieures à celles dont les hommes peuvent disposer maintenant sans de trop grosses dépenses de temps et d'argent [1].

Frumence, voyant que j'étais rêveuse, me proposa de faire l'herbier de la salle du Régas, et je l'aidai à remplir sa boîte de nigelles de damas dont les fleurs bleu de ciel, montées sur de hautes tiges grêles, étoilaient le sol, d'échantillons de cytise, de coronille joncée, de saponaire ocymoïde, de myrte, d'arbousier, de lentisque, de pin maritime, de smilax, de cyste et de lavande. Nous prîmes

1. Frumence prophétisait; aujourd'hui, la vapeur est venue en aide à la force humaine, et on est en train de faire ce que Frumence regardait comme utile et comme possible. (*Note de l'éditeur.*)

dans les buissons voisins l'osyris alba, la jolie aphyllante, diverses sortes d'hélianthèmes, la glaucée, et sur les rochers, le gypsophile blanc et vingt autres plantes méridionales que je connaissais déjà. J'ai gardé cet herbier, et je pourrais les nommer toutes ; mais cela n'avancerait pas mon récit et ne servirait qu'à me rappeler une des journées les plus mystérieuses de mon enfance.

Quand le précepteur m'eut initié à cette petite flore alpestre, il m'engagea à me reposer. Je me couchai sur l'herbe à quelque distance de Marius, qui ronflait depuis longtemps, et je fis mon possible pour dormir un peu, sans en venir à bout. J'écoutais machinalement, sans curiosité aucune, et sans y prendre d'abord aucun intérêt, la conversation que Denise avait avec Frumence à quelques pas de moi. Comme j'avais couvert ma figure pour me préserver des insectes et du soleil, ils crurent que je dormais, et, quand je les écoutai avidement, je me tins tranquille pour les maintenir dans cette croyance. Je prends le dialogue au moment où il me parut bizarre. C'est Denise qui parlait d'une voix sourde et comme tremblante.

— Ah! vous enragez, monsieur Frumence ; je vois bien que vous enragez !

— Pourquoi donc ça, mademoiselle Denise ?

— Parce que sa figure est cachée et que vous ne

pouvez pas la manger des yeux comme à votre habitude.

— La manger des yeux ? Voilà de vos exagérations, à vous ! Je la trouve belle, intelligente et bonne, et certes j'ai du plaisir à la voir à toute heure ; mais je ne veux la manger en aucune façon.

— Pour de l'esprit et de l'agrément, elle en a ; mais, pour bonne, elle ne l'est guère, allez ! Elle passe son temps à se moquer de vous et de moi, et à nous préparer des misères avec son petit-cousin, dont elle est folle.

— Il faut bien que les enfants s'amusent, Denise ! Ils ne sont pas méchants pour cela.

— Oh ! vous dites ça pour elle, vous lui passez tout !

— Est-ce que vous ne la gâtez pas aussi ? C'est si naturel !

— Moi ? Je l'ai bien gâtée, oui ! mais je ne la gâterai plus. Je ne peux plus la souffrir.

— Qu'est-ce que vous dites donc là, Denise ? Est-ce vous qui parlez ?

— Oui, c'est moi qui vous parle, et vous savez bien ce que je veux dire.

— Non, sur l'honneur, je n'en sais pas le premier mot.

— Jurez donc que vous n'êtes pas amoureux !

Voyons, voyons, amoureux comme un fou que
vous êtes!

Frumence fut sans doute interdit, car il ne répondit pas tout de suite.

— Jurez donc! s'écria Denise avec une sorte de véhémence qui eût pu réveiller un dormeur moins occupé que Marius.

— Je n'ai rien à jurer, répondit Frumence, je n'ai pas à rendre compte de mes sentiments, quels qu'ils soient; mais, quand je serais amoureux, ce qui n'aurait rien d'extraordinaire à mon âge, quel rapport trouvez-vous possible entre mon amour et l'amitié que j'ai pour cette petite fille?

— Petite fille si l'on veut; la voilà qui grandit. Bonté de Dieu! comme ça pousse vite, l'herbe du diable!

— Denise, reprit Frumence d'un ton sévère, je sais que vous êtes une personne fantasque; mais il me semble qu'en ce moment vous perdez tout à fait l'esprit.

— Ne parlez pas de ça! dit Denise avec agitation, n'en parlez jamais, monsieur Frumence! On m'a traitée de folle dans le temps, on m'a enfermée, on m'a fait souffrir des martyres, tout ça pour cette maudite enfant qu'on m'avait volée, et qui ne serait jamais revenue sans moi. Oui, c'est le chagrin qui m'avait fait divaguer dans le temps;

mais je n'étais pas folle, et c'est ma foi, c'est ma prière qui ont fait retrouver la petite; est-ce d'une folle, tout ça, je vous le demande? Moi, folle, ah! comme le monde est injuste!

— Alors, si vous n'êtes pas folle, reprit Frumence, vous êtes perverse. En voilà assez, réveillons ces enfants et partons. Je n'ai aucun plaisir à causer avec vous.

— Et moi, dit Denise avec impétuosité, je veux tout vous dire, je n'en trouverai pas si souvent l'occasion; quand je la cherche, vous me tournez le dos! Ah! tenez, vous serez la cause de ma mort, si vous ne me faites pas damner!

— Assez, Denise, assez! reprit Frumence avec humeur; si ces enfants vous entendaient...

— Qu'ils m'entendent, s'ils veulent, s'écria Denise en le suivant à quelque distance et en élevant la voix sans pouvoir modérer sa propre exaltation.

Frumence lui parlait à demi-voix, et je saisis encore quelques-unes de ses paroles.

— Cette petite fille! ce pauvre ange innocent! disait-il; mais c'est révoltant, c'est odieux, ce que vous pensez là!

— Eh non! s'écria Denise : est-ce que l'âge y fait? Dans quelques années, tout le monde la regardera. Vous la regardez avant les autres, voilà tout. Vous êtes si imprudent, si sot et si impie ! Vous ne croyez à rien, et vous êtes un révolutionnaire. Vous pensez qu'on vous la donnera, cette belle demoiselle riche et noble, à vous, un enfant trouvé, un malheureux comme moi, un domestique un peu plus gâté, voilà tout !... Mais, quand vous montrerez ces belles idées-là, on vous mettra à la porte, et *elle* qui aime son cousin et qui fait la coquette avec vous pour s'amuser, elle vous méprisera, comptez là-dessus, elle vous crachera sur le corps !

En parlant ainsi, elle se mit à sangloter et à crier. Marius s'éveilla, et je dus secouer mon faux sommeil pour aller au secours de Frumence, qui s'efforçait de faire taire Denise et de la relever, car elle était en proie à je ne sais quelle crise de convulsions. Je voulus m'approcher d'elle; elle me regarda d'un œil hagard, et, saisissant une pierre, elle me l'aurait lancée, si Frumence ne la lui eût arrachée des mains.

— Ce n'est rien, ce n'est rien ! me cria-t-il en voyant mon épouvante. C'est une attaque de nerfs, un coup de soleil, ce ne sera rien. Descendez le sentier tout doucement, mes enfants; dans un instant, elle pourra vous rejoindre. Je l'aiderai, n'ayez pas peur.

— Je resterai, répondis-je, je n'ai pas peur. Ma-

rius n'aura pas peur non plus. N'est-ce pas, Marius?
Dites-nous ce qu'il faut faire, monsieur Frumence.

— Rien. La voilà qui se calme. C'est fini. Allons-nous-en. Je la soutiendrai. Vous, mon cher Marius, aidez bien votre cousine. Le sentier n'est pas facile à descendre.

Marius avait alors quinze ans, et il était un peu plus aguerri qu'au commencement, bien qu'il craignît toujours le soleil et la fatigue. Il continuait à dédaigner Frumence, et il aimait beaucoup Denise; mais Denise folle lui faisait plus de peur que de pitié, et il doubla le pas pour s'éloigner d'elle sans beaucoup se préoccuper de moi et des recommandations de Frumence. Nous trouvâmes au bas de la montagne le domestique, qui venait nous chercher avec la carriole. Frumence y fit monter Denise, qui paraissait calmée, et il nous proposa de faire à pied le reste du chemin. Je ne demandais pas mieux; mais Marius n'entendait pas de cette oreille : il sauta sur la banquette auprès du conducteur et m'engagea à l'imiter. J'allais subir, comme de coutume, sa fantaisie, quand je me sentis retenir le bras par Frumence d'une manière particulière.

— Si vous n'êtes pas fatiguée, me dit-il, comme vous avez eu chaud, je préfère que vous rentriez tout doucement à pied.

— Ma chère enfant, me dit-il quand nous fûmes seuls sur le chemin, je ne crains pas que Denise ait jamais un mauvais sentiment contre vous. Pourtant cette pauvre fille a, depuis quelque temps, des idées bizarres, et dans ces moments-là il paraît qu'elle ne reconnaît pas les personnes qui lui sont chères. Voilà pourquoi je me permets de vous séparer d'elle, ne m'en veuillez pas; en dehors de vos leçons, je ne m'arroge aucune autre autorité sur vous que celle de vous préserver d'un danger ou d'un chagrin.

— Est-ce que Denise va redevenir folle et rester comme ça? demandai-je en pleurant.

— Non, non, ça passera; mais vous croyez donc qu'elle a été folle?

— Oui, je le sais, répondis-je, la vieille Jacinthe me l'a dit.

Frumence feignit d'en douter. Il s'inquiétait de me voir si affectée, et il professait, au rebours de Denise, le plus grand respect pour la placide ignorance des choses tristes où il faut laisser les enfants.

— Dormir et grandir, disait-il souvent, c'est avant tout leur affaire. Tout ce qui dérange ces deux fonctions ne peut être que détestable.

Qu'il eût été inquiet et triste, ce pauvre Frumence, s'il eût pu soupçonner que j'avais entendu les paroles délirantes de Denise, et que mon esprit alarmé cherchait déjà la clef de l'énigme! Pourquoi Denise accusait-elle Frumence d'être amoureux de moi? Mais d'abord qu'était-ce donc que l'amour? Est-ce que ce mot-là n'avait pas été inventé pour les Amadis et les Percinet des légendes? N'était-ce pas la même chose que l'amitié, ou tout au plus une amitié quintessenciée, romanesque et capable de faire accomplir de grandes choses? Comment eût-il été possible que Frumence fût amoureux de moi et songeât à m'épouser un jour, lui qui, avec ses vingt-trois ans, me paraissait aussi vieux qu'un grand-père? Et puis Frumence avait dit en résumé: *Non, ce serait mal*, et j'avais du respect pour sa parole. C'est en creusant ces problèmes insolubles et pourtant dangereux à mon âge, que je fis en silence le reste de la course. Frumence attribua mon air absorbé à la triste scène dont j'avais été témoin et en fit honneur à ma sensibilité. Quand nous fûmes près du manoir, il me prit la main et me dit :

— Ne croyez pas que vous serez longtemps séparée de votre nourrice, elle guérira certainement.

— Elle va donc s'en aller, cette pauvre Denise?

— Je crois qu'un petit voyage lui ferait du bien. Le docteur dira ce qu'il lui faut.

XIII

Je ne sais si Frumence avertit ma grand'mère, ou si Denise, avec qui elle causa le soir, lui révéla le trouble de son esprit. Je crus voir qu'on était un peu inquiet dans la maison, et ma bonne maman fit dresser un petit lit pour moi dans sa propre chambre. La mienne avait toujours été contiguë à celle de Denise. Craignait-on qu'elle ne me fît du mal? Je ne pouvais pas le croire. L'accès passé, cette pauvre fille m'avait témoigné la même amitié puérile et passionnée que les autres jours, et même les jours suivants il sembla qu'elle voulût me bien prouver, par un redoublement de gâteries, qu'elle avait agi dans la fièvre et que j'étais toujours son idole.

Je vis son chagrin, son repentir, et je me montrai affectueuse avec elle plus que je n'avais coutume de l'être. Son exaltation, son engouement pour moi augmentèrent d'autant, et elle était sincère, je n'en doute pas. Elle était fort triste, ma grand'mère lui ayant défendu, je crois, de me suivre à la promenade, et ne me perdant pas de vue quand Frumence n'était pas là. Denise sans moi était comme une âme en peine. Il semblait qu'elle fût aux arrêts dans la maison. Elle pleurait du matin au soir. On lui avait défendu aussi de paraître aux leçons, et Frumence l'évitait avec un soin extrême. Je me glissais dans sa chambre pour la consoler, et elle me paraissait tout à fait guérie.

Au bout de quelques semaines, elle était très-résignée et très-douce. Le médecin trouva que le régime auquel il l'avait soumise lui avait fait grand bien. On se rassura donc sur son compte, et on mit le tout sur celui du soleil de mai, qui pendant quelques jours lui avait porté à la tête.

Un matin, ma grand'mère fit mettre les chevaux à sa grande calèche, et résolut de rendre ses visites bisannuelles à ses amis de Toulon. La grande calèche — on l'appelait toujours ainsi — était la même où j'avais été enlevée; mais c'était la même à la façon du couteau de Janot, dont on a renouvelé mainte fois le manche et la lame. De réparations en modifications, cette calèche était devenue un char à bancs complétement découvert qui tenait six personnes. Marius monta sur le siége de devant avec le domestique et Frumence, qui avait affaire à la ville. Ma grand'mère et Denise s'assirent sur le siége de derrière, moi entre elles deux.

Nous avions fait tranquillement une lieue environ, lorsque Denise se mit à m'embrasser immodérément, au risque de briser le chapeau de paille et de friper les rubans dont j'étais heureuse de me voir parée. Je la repoussai une ou deux fois, enfin je priai ma bonne maman de lui dire de me laisser tranquille.

— Ah! madame, s'écria Denise, quand je pense que c'est sur ce chemin-là, dans cette même voiture, et peut-être à l'endroit où nous sommes, que ce pauvre cher trésor m'a été volé !

— Ne parlez plus de cela, répondit ma grand'mère. Vous en avez trop parlé à cette enfant qui ne comprend rien à vos récits. D'ailleurs ce n'est pas du tout par ici, c'est du côté du Revest que cela est arrivé. Comment pouvez-vous vous tromper à ce point? Allons, soyez donc un peu plus tranquille, ou je ne vous ferai plus sortir avec moi.

— Je serai sage, madame, reprit Denise avec la douceur d'un enfant; mais que Lucienne me laisse l'embrasser encore une fois, la dernière fois pour aujourd'hui, je le jure!

— Embrassez-la, ma fille, dit ma bonne maman, et que ce soit fini.

Denise m'attira sur elle, me fit sauter sur ses genoux comme un petit enfant, et me couvrit de baisers avec des paroles incohérentes et des regards dont l'éclat me fit peur. Tout à coup, comme je voulais me dégager avec l'aide de ma grand'-mère de ces caresses exagérées, je sentis qu'elle me soulevait avec une force extraordinaire et qu'elle voulait me lancer dans le précipice que côtoyait de près la voiture. Je fis un cri d'effroi, et je me cramponnai au cou de Frumence, qui était le dos tourné devant moi, mais qui, depuis un instant, inquiet de l'agitation de Denise, se tenait sur ses gardes.

Il me saisit dans ses bras et m'enleva à côté de lui, fit arrêter les chevaux et dit à ma grand'mère avec beaucoup de calme et de présence d'esprit :

— Il y a un cheval qui boîte; je crois, madame, que nous devrions retourner au moulin pour le faire ferrer.

Ma grand'mère comprit. Marius ne comprit pas. Nous revînmes au manoir, où Denise, prise de fièvre et de délire, fut mise au lit et soignée. Au lieu de nous conduire à Toulon, la voiture alla chercher le docteur, qui avait une bastide non loin du moulin de madame Capeforte. Il trouva la malade calmée; mais il eut avec ma grand'mère et Frumence une conférence à la suite de laquelle il fut décidé que la pauvre Denise ne pouvait plus rester avec nous. On ne voulait pas la renvoyer à l'hospice des aliénés sans être bien sûr qu'elle ne guérirait pas ailleurs. Madame Capeforte, qui avait accompagné le docteur pour faire l'officieuse, et qui trouva moyen de surpendre ou d'arracher un peu plus de confiance qu'on ne voulait lui en accorder, ouvrit un avis qui parut assez bon à ma grand'mère, et qui, pour n'être pas sans inconvénient, comme la suite le prouva, était peut-être en ce moment le seul avis à suivre. Elle proposa de venir chercher Denise le lendemain de la part d'une bonne religieuse de ses amies, qui saurait bien lui persuader de rester au couvent avec elle. Là, on prendrait Denise par la piété, on l'occuperait aux chapelles, on la distrairait, et peut-être la guérirait-on absolument de ses idées noires et de ses accès de frénésie. On essayerait du moins, et, si après quelque temps d'un régime moral bien entendu elle était reconnue incurable, on aviserait à l'enfermer plus étroitement.

Tout fut fait ainsi que le conseillait l'officieuse voisine, et Denise partit le lendemain, pendant que Frumence nous conduisait à la promenade d'un autre côté. Fidèle à son système de ne pas attrister l'enfance par le spectacle des choses tristes qu'elle ne peut améliorer, il aida ma grand'mère à nous cacher la gravité de l'état de ma nourrice et la durée probable de son exil. Ma bonne maman nous cacha aussi son chagrin, car elle en eut beaucoup, je le vis malgré elle tout en lui cachant le mien, qui fut plus profond que je n'osai l'avouer à Marius. Marius riait de tout, et passait sa vie à railler et à glacer ce qu'il appelait mes élans de sensiblerie.

Comme toute chose a son revers ou son contrepoids, le départ de Denise nous soulagea tous de beaucoup d'inquiétudes et de contrariétés. Il y avait longtemps que sa manière d'être, ses propos inconsidérés et ses allures fantasques fatiguaient ma grand'mère et troublaient mon esprit. Je crois que Frumence, qui, après avoir été l'objet de sa haine, lui avait inspiré, bien malgré lui, une passion nullement payée de retour, respira aussi quand il n'eut plus à se préserver de ses rêveries et de ses reproches. Marius, dont elle avait imprudemment exalté la vanité par des éloges et des admirations sans mesure, devint plus raisonnable et un peu plus attentif aux leçons. Nos promenades avec Frumence ne furent plus gâtées par des appréhensions perpétuelles. J'eus la bonne inspiration de ne parler à qui que ce soit, même à Marius, du danger où deux fois Denise avait mis ma vie, et de l'espèce de haine qui couvait dans son âme malade sous sa tendresse exaltée pour moi. Ma grand'mère, qui savait tout, ne m'en parla jamais. Je sentis que je devais imiter son silence par respect pour le malheur de ma nourrice et peut-être aussi pour moi-même. L'enfance a certaines délicatesses d'instinct qui lui sont d'autant plus faciles qu'elle n'en mesure pas l'étendue.

L'espèce de trouble que Denise avait jeté dans mes notions sur les sentiments humains se dissipa donc d'autant plus vite que je n'en fis part à personne. Je n'eus plus de nouvelles de ma nourrice que de loin en loin, quand madame Capeforte ou le docteur venait nous voir. Tantôt on me disait : « Elle ne va pas mal, » et tantôt : « Elle ne va guère mieux; » ce qui ne s'accordait pas précisément et ne pouvait me donner une bien juste appréciation de son état. Malgré la frayeur qu'elle m'avait causée, j'aurais voulu la voir. Ma grand'-mère ne me le permit pas, bien que la Capeforte s'offrit à me conduire au couvent. Denise était devenue un prétexte aux assiduités de cette dame auprès de ma bonne maman, qui s'en fût fort bien passée, et qui n'osait la payer de son tyrannique dévouement par des rebuffades.

Madame Capeforte était curieuse comme une pie; elle regardait tout, interrogeait tout le monde, et, quand, pour lui faire sentir qu'elle était importune, on la faisait un peu attendre au salon, elle en paraissait charmée; elle s'en allait dans les alentours, au moulin, dans les prés ; elle revenait à la cuisine et reparaissait chez nous après avoir fait causer tout le monde, n'importe sur quoi. Elle savait donc mieux que nous ce qui se passait chez nous. Elle connaissait les affaires de nos métayers, les antécédents et les relations actuelles de nos domestiques. Marius, qui devenait assez satirique, la comparait à « un musée où l'on aurait enfoui les statues et les tableaux sous une montagne de débris ramassés à la borne, de peignes cassés, de trognons de pommes, de goulots de bouteilles et de vieilles savates. »

— Voilà, disait-il, tout ce que l'on pourrait retirer de la cervelle de *milady Capford*, si on surmontait le dégoût d'y fouiller.

Je n'ai presque rien dit du docteur Reppe, et c'était pourtant le plus assidu de nos commensaux durant la saison de sa villégiature dans le voisinage du moulin Capeforte. C'était un très-bon homme, ventru et vermeil, presque aussi mal vêtu à la campagne que l'abbé Costel, assez riche pourtant, disait-on. Il pouvait avoir cinquante-cinq ans, et n'était pas mauvais médecin, en ce sens qu'il ne croyait pas à la médecine, et que, se dispensant de toute étude inutile, il n'ordonnait presque jamais rien à ses malades. Il n'avait aucune méchanceté réfléchie et aucune affection bien marquée, à moins que ce ne fût pour la petite Capeforte, qu'il traitait comme sa fille, et qui l'était peut-être.

Je n'ai rien dit non plus d'un personnage qui eût dû être bien autrement important dans ma vie; mais qu'aurais-je pu dire de mon père? Je ne le connaissais pas, je ne l'avais jamais vu, je pensais presque que je ne devais jamais le voir. Je savais bien que j'avais un père, un homme charmant, m'avait dit Denise, un homme du monde, m'avait dit ma grand'mère; mais Denise le connaissait à peine, et ma bonne maman ne le connaissait presque plus. Il avait émigré à seize ans, il avait cherché refuge et fortune à l'étranger, il s'y était marié deux fois, il avait déjà plusieurs enfants de son second mariage, il vivait dans l'opulence. Quand nos amis demandaient à ma grand'mère, sur un ton d'indifférence invariable, mais avec le sourire de la politesse sur les lèvres : « Y a-t-il longtemps que vous n'avez reçu des nouvelles de M. le marquis? » elle répondait invariablement avec le même sourire contraint : « Il va fort bien, je vous remercie. » Elle ne disait pas qu'il lui écrivait régulièrement une fois par an, jamais davantage, quoi qu'il advînt; que ses lettres étaient insignifiantes et qu'il y demandait, dans un invariable post-scriptum, des nouvelles de Lucienne, sans jamais m'appeler sa fille. Tout ce que je connaissais de lui, c'était un portrait d'enfant, pastel richement encadré, dans le salon. Cela ne me représentait rien. L'idée d'un père sous la forme d'un enfant ne peut rien inspirer à un enfant déjà plus âgé que le visage du portrait. Mon père était, sur la toile, un gros gaillard de cinq ans, tout rose, avec des cheveux poudrés et un habit rouge. Marius se moquait beaucoup de ce costume, et son oncle ainsi affublé lui inspirait si peu de respect, qu'il ne pouvait le regarder sans lui faire des grimaces ou des révérences ironiques.

Ma grand'mère, en me parlant de son fils, m'avait toujours recommandé de le respecter et de prier pour lui. Jamais elle ne m'avait prescrit de l'aimer depuis un jour où je lui avais dit : « Et lui, m'aime-t-il ? » et où elle m'avait simplement répondu : *Il doit vous aimer*. Je savais que ma mère était morte. J'ignorais que la douleur de mon enlèvement eût causé sa mort. Denise heureusement l'ignorait aussi ; sans quoi, elle n'eût pas craint de jeter l'effroi dans mon âme en me l'apprenant ; mais elle n'avait pas manqué de me dire que mon père était remarié.

— J'ai donc une nouvelle maman ? demandais-je quelquefois alors à ma grand'mère.

— Vous avez une belle-mère, me répondait-elle, mais vous n'avez pas d'autre maman que moi.

Habituée de bonne heure à cette situation étrange et précaire, je ne m'en préoccupais nullement. Le présent était facile et doux. Ma bonne maman était d'une bonté angélique, et je ne prévoyais pas que je pusse la perdre.

XIV

Pourtant, sans que nous en fussions frappés, Marius et moi, elle s'affaissait de jour en jour. Son esprit restait net et sa volonté active; mais sa vue baissait rapidement, et elle ne pouvait plus supporter les soins du ménage. Denise nous manquait beaucoup; bien qu'elle eût très-mal gouverné la maison, elle avait dispensé ma grand'mère de plus d'une fatigue, et, quoique Frumence prolongeât les heures qu'il devait nous consacrer pour tenir désormais les comptes avec beaucoup d'ordre, il ne pouvait veiller à l'économie de l'intérieur. On ne m'avait jamais initiée à ces détails vulgaires si utiles, si nécessaires à une femme. Il était déjà tard pour que j'en prisse le goût, et j'étais encore trop jeune pour en avoir la notion vraie. Denise avait coutume de commander un peu rudement, et l'effet de ses criailleries avait été de m'inspirer une grande répugnance pour le commandement.

Ma bonne maman sentit le besoin d'associer une femme à son gouvernement, à la surveillance et aux soins que lui semblait réclamer ma précieuse petite personne, et à ceux dont elle-même avait grand besoin. Elle consulta l'abbé Costel, qui, soit discrétion, soit paresse, n'aimait pas beaucoup à s'immiscer dans les affaires d'autrui, et qui lui conseilla de s'en rapporter à Frumence.

— Frumence, disait-il, est plus pratique que moi, surtout depuis qu'il vit tous les jours près de vous et qu'il voit un peu le monde. Je crois qu'il connaît quelqu'un...

Frumence eut avec ma grand'mère un entretien à la suite duquel elle me parut émue et joyeuse.

— Frumence me procure un trésor, me dit-elle; me voilà tranquille pour le reste de mes jours.

— C'est donc quelqu'un que vous connaissez, bonne maman?

— Par ouï-dire, oui, ma petite; c'est une personne qui s'attachera à vous, et que je vous prie d'aimer d'avance comme je l'aime aussi... sans la connaître.

— Viendra-t-elle bientôt?

— Je l'espère, quoique Frumence ne soit pas encore bien certain de la décider.

Frumence était en train d'écrire. Il m'appela près de lui.

— Si vous vouliez, me dit-il, écrire deux lignes dans ma lettre, cette personne se déciderait probablement à venir prendre soin de votre bonne maman et de vous.

Je crus devoir me donner un air d'importance.

— Vous êtes donc sûr, lui dis-je, qu'elle nous aimera beaucoup?

— Je vous en réponds.

— Et que ma bonne maman sera heureuse avec elle?

— J'en suis parfaitement sûr.

— Alors, c'est mon devoir d'écrire à cette personne?

— C'est ma conviction.

— Est-ce que vous allez me dicter?

— Non, c'est à vous de trouver ce qu'il faut dire pour donner confiance en vous. Celle dont je vous parle et à qui j'écris ne servira jamais personne que par dévouement et à la condition d'être aimée.

— Est-ce qu'on peut promettre d'aimer quelqu'un que l'on ne connaît pas?

— Faites vos conditions : si elle ne les remplit pas, vous serez en droit de ne pas l'aimer, et elle s'en ira.

De plus en plus pénétrée de mon importance, je commençai à écrire sur la page blanche que Frumence me présentait : *Mad*...

— Est-ce *mademoiselle* qu'il faut l'appeler ?
— Non, c'est *madame*. Elle est veuve.
J'écrivis :

« Madame, si vous voulez venir chez nous et aimer ma bonne maman de tout votre cœur, je vous aimerai de tout mon cœur aussi.

« Lucienne de Valangis. »

— C'est parfait, dit Frumence.
Et il plia sa lettre; mais il la mit dans sa poche sans écrire l'adresse.
— Comment donc s'appelle cette dame? lui demandai-je.

Il me répondit qu'elle me le dirait elle-même en arrivant, et, quand je voulus savoir où elle demeurait, il prétendit que pour le moment il ne le savait pas, mais qu'il avait un moyen de lui faire parvenir *notre* lettre.

— Ce sera, me dit Marius quand je l'eus mis au courant, quelque parente dans le malheur. Une personne amenée par les Costel doit être une affamée comme ce pauvre curé. Quant à moi, ça m'est bien égal, ce qu'elle sera; je pense qu'à présent je ne vais pas rester bien longtemps ici.

Il y avait déjà quelque temps que Marius parlait de s'en aller, et chaque fois mon cœur se serrait et mes yeux se remplissaient de larmes. L'habitude de vivre avec lui était devenue la moitié de ma vie. Je ne sais si c'était de l'amitié ou de l'égoïsme. Il ne m'aimait certes pas et il ne m'aidait en rien; mais il était toujours avec moi, il m'arrachait à ma personnalité. Il m'empêchait d'être moi, et je n'aurais su que faire de moi sans lui. J'avais souvent besoin de lui échapper et de me reprendre; mais au bout de quelques heures il me manquait, et il me semblait que je lui manquais aussi. Notre amitié était celle de deux jeunes chiens qui se mordent un peu, mais qui ne peuvent pas se quitter.

Dans son désœuvrement de prédilection, Marius, très-peu avancé d'esprit et très-peu développé au moral pour son âge, ne trouvait que moi d'assez enfant pour l'écouter, le contredire et l'occuper; mais il ne se doutait pas que je lui fusse nécessaire, et c'est machinalement qu'il m'attirait ou me retenait près de lui. A mesure qu'il grandissait, il éprouvait quelques rares velléités d'interroger l'avenir et de sortir de la solitude où nous vivions, et pourtant il lui était impossible de savoir ce qu'il voulait faire et désirait être. Il me le demandait sérieusement, et je ne savais que lui répondre. Alors il prenait du dépit et feignait d'être très-désireux de partir, afin de me forcer à chercher avec lui où il voulait aller.

Ce pauvre enfant n'avait presque rien et se croyait riche. Il avait ouï dire qu'il avait hérité de trente mille francs, et il regardait cela comme une fortune capable d'assurer l'indépendance et le luxe de toute sa vie. En vain Frumence, qu'il avait daigné consulter à cet égard, lui avait dit que trente mille francs étaient un joli *en-cas* pour un homme qui travaille et vit de peu, et rien du tout pour un homme qui ne fait rien et qui prétend bien vivre, Marius n'était pas persuadé; il persistait à croire qu'en vivant bien et ne travaillant pas il ne verrait jamais la fin de son patrimoine. Aussi parlait-il de choisir un état seulement pour avoir le droit de se promener à sa guise et de s'habiller comme il lui plairait. Ma grand'mère, qui l'élevait et l'entretenait de pied en cap à ses frais pour lui conserver intact son petit avoir, avait mis un frein à ses besoins d'élégance. Elle le faisait habiller décemment et solidement, et il rougissait de la coupe de ses habits et de la forme de ses chapeaux quand ils n'étaient pas à la dernière mode. C'était pour lui un véritable sujet de honte et de chagrin, et, quand j'obtenais la permission de lui donner un de mes fichus neufs pour se faire une cravate, il passait la journée à faire et refaire son nœud avec une gaieté folle. Aussi aspirait-il au jour où il aurait un tailleur à lui, ou un uniforme quelconque. Il aimait la jolie tournure des jeunes marins, et ma grand'-mère eût désiré qu'il suivît cette carrière, dans laquelle son mari et d'autres membres de sa famille s'étaient distingués; mais Marius ne mordait pas aux mathématiques et il avait pour la mer une aversion prononcée. Il eût voulu être marin sans jamais s'embarquer.

— Alors, lui disais-je, tu veux être dans l'armée de terre ?

— Oui, répondait-il. Il faut que je sois dans les hussards ou dans les chasseurs; il n'y a que ça de joli.

— Mais tu n'as pas l'âge pour être soldat?

— Je ne serai pas soldat; je veux être officier, je suis gentilhomme.

— Alors M. Frumence dit qu'il faut entrer dans une école militaire où on apprend les mathématiques, et il dit aussi que tu ne les apprendras jamais, si tu ne les étudies pas.

Nous en restions là, car Marius ne voulait ou ne pouvait rien apprendre. Le plus grand effort dont il fût capable, c'était d'avoir l'air d'écouter Frumence et de suivre attentivement ses démonstrations. Encore ceci n'était-il que la victoire remportée par sa politesse un peu hautaine sur sa répugnance contre toute contrainte. Il n'avait qu'une force, celle de la douceur qu'il s'imposait pour obliger les autres à la douceur. Quand Frumence, qui était aussi patient que possible, avait l'air de souffrir de son néant, Marius lui disait d'un grand air de courtoisie : « Monsieur, je vous demande pardon et je vous prie d'être plus clair, » comme si c'eût été la faute du professeur et non la sienne. Quand j'avais de l'humeur avec lui : « Tu sais, me disait-il, que je ne veux pas me fâcher, moi, et que tu peux bien dire ce que tu voudras sans que je m'en soucie. » Et il disait tout cela d'un ton si fier et si calme, que l'orage passait vite, mais sans lui avoir profité, sans l'avoir ému un instant, sans avoir dérangé un cheveu de son toupet merveilleusement frisé et relevé sur le front comme une équerre. Il continuait à être le plus joli garçon du monde, ce qui ne l'empêchait pas d'en être le plus insignifiant. Je m'étais habituée à sa figure, et je n'y trouvais plus aucun charme. Ses élégances ne m'éblouissaient plus, ses interminables *peigneries*, ses méticuleux nettoyages d'ongles, m'impatientaient sérieusement. Son bilboquet m'était odieux; et ses chasses avec Frumence, qui tuait tout le gibier manqué par lui, me faisaient rire; mais il me dominait par son impassibilité.

J'ai su depuis que ma grand'mère, après s'être préoccupée de son avenir, avait remis un peu les choses à la grâce de Dieu en arrachant à Frumence l'aveu de la complète incapacité de son élève.

— Eh bien, avait-elle dit, patientons, et gardons-nous de le rendre malheureux. Ne connaissant pas ses fautes, il ne comprendrait pas les punitions. Que sera-t-il? Peut-être un pauvre petit hobereau de campagne, comme tant d'autres, économisant toute l'année pour se montrer huit jours, ou s'abrutissant à la chasse et ne se montrant jamais; ou encore un pauvre sous-officier attendant vingt ans ses épaulettes : à moins pourtant qu'il ne fasse comme mon fils, lequel n'étant rien qu'un joli garçon, et ne sachant rien que plaire aux dames, s'est sauvé deux fois par un bon mariage.

Ma pauvre grand'mère ne savait pas si bien dire.

XV

Au bout d'une quinzaine, un soir que Frumence venait de nous quitter, nous le vîmes revenir sur ses pas d'un air ému. Il n'était pas seul : derrière lui marchait une petite femme brune dont la charmante figure me plut tout d'abord. Quoique mince et mignonne, elle avait je ne sais quel air de vigueur et d'activité. Ses traits étaient fins et nettement dessinés; le hâle faisait ressortir la fraîcheur de son teint animé. Elle était habillée très-proprement, tout à neuf, en villageoise de notre pays. Son premier regard fut pour moi, et, comme elle ne savait trop comment m'aborder, entraînée par un irrésistible attrait, je l'embrassai de toute ma force. Alors elle fondit en larmes, couvrit mes mains de baisers, et me dit avec un petit accent étranger qui n'était pas d'accord avec son costume, et qui pourtant ne me sembla pas absolument nouveau :

— Je pensais bien que je vous aimerais; mais voilà déjà que je vous aime, et c'est pour toute la vie, si vous voulez.

Je la suivis chez ma bonne maman, qui la reçut avec affabilité et la pria de s'asseoir pour causer avec elle des arrangements à prendre. Comme je me retirais, je ne sais quelle curiosité me fit ralentir le pas, et, en me retournant, je vis par la porte entr'ouverte du salon que ma grand'mère jetait ses bras autour des épaules de cette petite femme, et la pressait sur sa poitrine en l'appelant sa chère enfant et en lui baisant le front avec effusion. Je pensai que Frumence devait avoir appris à ma bonne maman quelque chose d'extraordinairement beau sur le compte de notre nouvelle gouvernante, et l'espèce de mystère qui entourait cette révélation augmenta l'estime et la sympathie que j'éprouvais déjà.

Dès le soir même, madame Jennie Guillaume — c'est sous ce nom qu'elle fut établie chez nous — entra en fonction sans vouloir se reposer du voyage et sans paraître fatiguée. Je ne sais si dans sa lettre Frumence l'avait initiée à nos habitudes et à nos caractères; il est certain qu'elle dirigea notre souper comme si elle n'eût fait autre chose de sa vie. Ma grand'mère eût voulu, je crois, la décider à manger avec nous; mais elle ne parut pas vouloir accepter cette distinction, et dès le principe elle se mit sur le pied d'une humble femme de charge de campagne, commandant aux domestiques en vertu de son mandat, mais s'assimilant à eux en dehors de ses fonctions.

Ah! ma noble et grande Jennie, quelle amie, quelle véritable mère je devais trouver en vous! C'est à vous que je dois tout ce que je puis avoir de généreux dans l'âme et de courageux dans le caractère.

Elle n'était pas expansive et caressante comme Denise. Sa petite taille ne se courbait pas à tout propos; ses yeux n'étaient pas des fontaines de pleurs toujours prêts à couler; mais un mot d'elle avait plus de prix pour moi que les adorations puériles de ma nourrice. Quelle différence entre elles, et que Jennie était supérieure en tout à ma pauvre folle! Elle possédait une intelligence que la mienne n'était pas encore en état d'apprécier, mais qui s'imposait à moi comme la vérité même. Comme elle ne parlait jamais de son passé et ne se laissait guère questionner, on ne pouvait deviner où elle avait appris tout ce qu'elle savait. Elle lisait et écrivait mieux que moi, mieux que Marius à coup sûr, et mieux aussi que ma grand'mère. Elle disait avoir travaillé toute sa vie sans s'arrêter, et elle avait lu énormément de livres, bons ou médiocres, dont elle avait apprécié la valeur ou fait la critique avec une merveilleuse sagacité. Est-ce par la lecture ou par une haute intuition personnelle qu'elle avait pu ainsi éclairer son jugement, connaître le cœur humain, et comprendre avec une pénétrante droiture toutes les choses de sentiment? Elle avait aussi un esprit d'observation remarquable et une mémoire étonnante. Quand elle remplaçait ma grand'mère durant nos leçons, elle cousait près de la fenêtre ou raccommodait le linge de la maison avec rapidité, sans lever les yeux de son ouvrage, et elle ne perdait pas un mot de ce que l'on nous enseignait. Si j'étais embarrassée pour en rendre compte le lendemain, je l'interrogeais le soir dans ma chambre, et elle redressait mes erreurs ou développait ma compréhension sans jamais sortir de son langage simple et net, qui était comme la moelle rustique et substantielle de toutes les démonstrations nécessairement un peu longues et détaillées de Frumence à Marius.

Où trouvait-elle une capacité assez vaste et assez souple pour passer, des détails de la cuisine et de la basse-cour, — car elle surveillait tout, — à ces exercices de l'intelligence et du raisonnement? Pour un peu, elle eût appris les mathématiques et le latin. Rien n'était mystérieux pour cette tête active et saine. Bien mieux douée que moi, elle me forçait, en causant, à retenir les dates historiques et les mots techniques qui m'échappaient sans cesse. Et, comme si ce travail d'assimilation ne lui suffisait pas, elle passait une partie des nuits à lire dans son lit. Elle n'avait jamais besoin de plus de quatre à cinq heures de sommeil. Toujours couchée la dernière et levée la première, mangeant à peine, ne se reposant jamais dans la journée, elle n'était jamais malade, ou, si elle l'était quelquefois, on ne le savait pas, elle ne le savait peut-être pas elle-même. Sa figure fraîche, un peu immobile dans sa régularité de camée, ne trahissait jamais ni fatigue ni souffrance.

Cette étonnante petite créature prolongea certainement l'existence de ma grand'mère en faisant disparaître d'autour d'elle tous les soucis de la vie et toutes les terreurs de la vieillesse. Elle mit la maison sur un pied d'ordre, de propreté et de sage économie qui rendirent la vie aussi facile et aussi pure qu'une eau qui coule claire et à pleins bords dans un lit de marbre. Jamais d'intermittence, jamais de débordement. Il semblait qu'elle tînt la clef de toutes les écluses de notre existence. Ma bonne maman éprouva comme un temps d'arrêt de plusieurs années entre la vieillesse et la décrépitude. Les domestiques renoncèrent à entretenir et à réclamer les vieux abus, et ils n'eurent pas à se plaindre avec raison une seule fois du règlement de leurs fonctions. Les métayers furent plus consciencieux et plus heureux. L'abbé Costel s'observa davantage, et, sans cesser d'être aussi philosophe, aussi savant, il fut plus propre et plus sobre. Madame Capeforte vint moins souvent et trouva les gens moins disposés à répondre à la perpétuelle enquête de ses espionnages. Il n'est pas jusqu'à M. de Malaval et à son ami Fourrières qui ne fussent plus modérés dans leurs assertions fantasques. Et pourtant Jennie ne sortait jamais de son rôle, jamais elle ne se permettait de dire un mot en dehors de ses attributions. Elle ne paraissait faire aucune remarque sur les étrangers, et jamais la maison n'avait été plus honorable ; mais il y avait sur ma grand'mère et sur nous tous un reflet de la droiture d'esprit et de la fermeté d'humeur de Jennie. Nous étions, grâce à l'habitude de vivre avec elle, plus solides dans nos idées et plus sérieux dans nos manières. L'aspect de la maison, tout, jusqu'à l'arrangement des choses et à l'ordonnance des repas, avait un cachet de décorum et de dignité dont on ressentait l'influence secrète. Le laisser aller de la vie méridionale avait fait place à la véritable hospitalité, plus réelle parce qu'elle est plus soutenue.

J'ai connu le parfait bonheur. De quel droit me plaindrais-je aujourd'hui de la destinée? J'ai été admirablement et parfaitement aimée. Combien d'autres innocents de mon âge n'ont connu que l'abandon et l'injustice!

XVI

En 1818, j'avais quatorze ans, Marius en avait dix-sept. Mon éducation était assez avancée pour mon âge; la sienne était tout ce qu'elle pouvait être. Elle lui avait fait tout le bien possible, en ce sens qu'à force d'entendre expliquer des choses qu'il écoutait mal et qu'il comprenait peu, il avait au moins une notion de ces choses et pouvait en parler sans y paraître étranger. Il était beau, il avait un nom, de l'esprit naturel, une causerie agréable et railleuse. Il plaisait dans le monde, car il commençait à voir le monde. Ma grand'mère lui avait permis d'avoir un cheval et de cultiver les relations que nous avions avec Toulon et Marseille, où il fit de temps à autre quelques apparitions. Ses débuts dans la bonne compagnie de province eurent plus de succès que Frumence, avec sa consciencieuse naïveté, ne s'y fût attendu, car, tandis qu'il rougissait de la médiocrité de son élève et craignait de le voir se lancer dans la société, Marius y recevait des encouragements, y nouait des relations et en revenait toujours avec une dose d'aisance et d'aplomb qui nous surprenait tous. Il avait de l'esprit de conduite et se façonnait aux usages avec cette facilité de l'homme destiné à mettre les usages au-dessus de tout. Pourtant son merveilleux savoir-vivre ne l'empêchait pas de nous montrer l'ennui profond qu'il ressentait désormais avec nous et l'impatience qu'il avait de nous quitter une bonne fois. Devant cette impatience, ma grand'mère se tourmenta de nouveau pour lui du choix d'un état. On a encore chez nous, dans certaines familles nobles, des préjugés contre le commerce, l'industrie et la plupart des professions libérales. Un jeune homme de bonne maison, sans fortune, ne peut être que marin ou militaire; mais, pour être militaire, c'est-à-dire officier d'emblée, comme l'entendait Marius, c'était toujours la même impasse, et ma bonne maman, connaissant la hauteur et les raffinements de son neveu, n'osait pas lui proposer de se faire mousse ou soldat.

Un jour, au milieu du calme plat de notre existence, éclata un petit drame qui ne me fut révélé que beaucoup plus tard, et dont je vis les effets sans en connaître la cause.

C'était une cause bien prosaïque. Marius, qui n'avait pas encore ressenti l'appel des passions physiques, et qui était trop méfiant ou trop prudent pour s'être prêté loin de nous à aucune aventure, se montra inquiet, distrait, agité, presque sombre. Il haïssait Jennie, qui ne le flattait pas, et pourtant un beau matin il essaya de se réconcilier avec elle en lui disant qu'elle était jolie. Jennie haussa les épaules. Il lui répéta plusieurs jours de suite qu'elle était jolie. Je ne sais quelle leçon elle lui donna; il prit du dépit contre elle et devint roide et impertinent avec Frumence. Il lui échappa devant moi des railleries bizarres sur les prédilections de Jennie pour ce grand bellâtre de pédagogue qu'il ne pouvait plus supporter.

Un autre jour, Marius se présenta à la leçon en habit de chasse et le fusil à la main. Il apportait ses cahiers à Frumence.

— Ayez l'obligeance de vous dépêcher de corriger cela, lui dit-il. Je compte chasser aujourd'hui.

C'était un acte de révolte ouverte. Frumence ne répliqua rien, prit les cahiers, les corrigea et les lui rendit en lui disant avec un calme imperturbable :

— Je vous souhaite bonne chasse, monsieur Marius.

— Monsieur Frumence, répliqua Marius, qui cherchait l'occasion d'une querelle, je m'appelle monsieur de Valangis.

— Alors, reprit Frumence avec un sourire placide, je souhaite bonne chasse à monsieur de Valangis.

— Je vous remercie, monsieur Frumence. Je sors, et désormais je travaille seul, je vous en avertis.

— C'est absolument, répondit Frumence, comme il vous plaira.

— Mais, reprit Marius, comme il n'est pas dans les usages qu'une jeune personne ait un précepteur quand elle a déjà une gouvernante, j'imagine que vous pourrez vous dispenser maintenant d'accompagner ma cousine à la promenade, à moins que sa gouvernante n'ait besoin de votre compagnie, auquel cas je n'ai aucune objection à vous faire.

— Vous eussiez pu vous dispenser de celle-ci, répondit Frumence en rougissant; je la trouve du plus mauvais goût et du plus mauvais ton.

— Le vôtre est impertinent, monsieur.

— C'est le vôtre qui est offensant, monsieur.

— Vous trouvez-vous offensé, monsieur Frumence?

— Oui, monsieur Marius, et assez comme cela. Je vous prie de ne pas continuer.

— Et si je continue?...

— Vous manquerez au respect que vous devez à la maison de madame votre tante.

— A la maison de ma tante, c'est-à-dire à ses gens?

— A ses gens, si vous voulez. Je m'attendais à cela de votre part dans l'état d'esprit où vous êtes; mais vous agissez contre votre caractère, qui vaut mieux que vos paroles d'aujourd'hui. Je ne veux pas vous exciter par mes réponses, je ne vous répondrai plus.

Il prit mes cahiers et se mit à les examiner,

comme si Marius n'était pas là. Je vis Marius prendre un livre et lever le bras pour le lancer à la tête de Frumence. Je me jetai vite sur la chaise placée vis-à-vis de Frumence, de l'autre côté de la petite table. Marius n'eût pu jeter le projectile sans m'atteindre. Il comprit, à mon mouvement spontané, que je voulais le préserver d'un acte de démence et d'une mauvaise action. Il jeta le livre par terre et sortit.

Comme j'étais pâle et tremblante, Frumence ferma les cahiers et alla prendre sur une autre table un verre d'eau qu'il m'offrit.

— Remettez-vous, mademoiselle Lucienne, me dit-il, ceci n'est rien pour moi. M. Marius est naturellement doux et inoffensif : c'est un accès de fièvre.

— Ah! mon Dieu! m'écriai-je, est-ce qu'il va devenir comme cette pauvre Denise?

— Non, il est jeune, et à son âge cela passe vite. Allez faire un tour de promenade avec madame Jennie; je vais tout à l'heure causer avec votre cousin et le calmer tout à fait quand il aura eu le temps de se calmer un peu de lui-même.

J'allai trouver Jennie. Je n'avais pas de secrets pour elle. Je lui demandai de m'expliquer ce qui venait de se passer. Elle prétendit qu'elle n'y comprenait rien, et me dit, comme Frumence, que

Marius était probablement malade, qu'il fallait le
laisser sortir pour se distraire. Marius était déjà
sorti, si bien sorti, qu'on ne put le retrouver et
qu'il ne revint pas le soir. Nous eussions été
cruellement inquiets de lui, s'il ne nous eût fait
dire, par un paysan rencontré sur son chemin,
qu'il comptait passer la nuit à Toulon.

Le lendemain, ma grand'mère vit arriver le
docteur Reppe, qui lui apprit que Marius était chez
lui, dans sa bastide. Il l'avait rencontré allant à
Toulon, et il l'avait empêché de faire un coup de
tête, qui était de s'engager dans la marine.

— Vous avez peut-être eu tort de l'en dissuader,
répondit ma grand'mère. L'enfant est devenu un
homme qui ne peut plus rester ici à ne rien faire.

— Oui, oui, sans doute, reprit le docteur. Je
sais la cause de son transport, et madame Capeforte, qui est diantrement fine, l'excellente femme,
lui a fait avouer qu'il ne pouvait plus tenir en
place. Nous lui avons conseillé de demander à
M. de Malaval, votre parent, une occupation dans
ses bureaux.

— Marius comptable? s'écria ma grand'mère.
Mais il a les chiffres en horreur!

— Bah! on lui en fera faire très-peu, et on le
prendra là comme surnuméraire pour lui donner
le temps de jeter sa première gourme. C'est à vous

d'arranger cela avec M. de Malaval. On verra comment le jeune homme se comporte, et on aura le temps d'aviser à ce qu'on pourra faire de lui. En toute chose, voyez-vous, il faut faire de la médecine expectante. C'est la seule qui soit en rapport avec l'action du temps et les réactions de la nature.

Ma grand'mère fit les démarches nécessaires auprès de MM. de Malaval et Fourrières, et, fâchée contre Marius, elle ne lui fit rien dire. Il resta une semaine à la bastide Reppe, partageant ses journées oisives entre le docteur et la dame Capeforte, le premier lui insufflant des principes de temporisation, l'autre essayant de verser dans sa pauvre tête les calculs de l'égoïsme et le poison de l'ingratitude.

XVII

Au bout de huit jours, Marius revint. Il entrait le lendemain dans la maison Malaval, Fourrières et C⁰, pour faire des écritures de commerce et apprendre le roulement des profits et pertes de la marine marchande. Il était très-calme, et c'est avec une tranquillité étonnante qu'il demanda pardon à ma grand'mère d'un moment de vivacité que rien, disait-il, ne motivait dans la conduite de M. Frumence Costel à son égard. Il regrettait de m'en avoir rendue témoin, mais il ne jugeait pas nécessaire, malgré les insinuations de sa tante, de se réconcilier avec son précepteur.

— Je ne le reverrai pas de sitôt, ajouta-t-il, et, n'ayant plus rien à démêler avec lui, il n'y a plus de discussion possible entre nous. Je viens vous remercier de vos bontés pour moi et vous dire, ma chère tante, que j'entends, à ma majorité, indemniser M. Frumence pour les leçons qu'il m'a données, et M. de Malaval pour l'hospitalité qu'il va me donner durant mon stage. Je ne veux rien devoir à personne; j'espère que vous comprenez cela et que vous n'en avez jamais douté.

Ma grand'mère avait été fort triste, surtout depuis deux jours, et, en l'entendant parler avec cette orgueilleuse froideur, elle ne put contenir son blâme et sa compassion.

— Pauvre enfant! lui dit-elle en l'embrassant avec une certaine solennité, je voudrais qu'il vous fût permis de vous débarrasser ainsi de toute obligation et de vous croire affranchi de toute gratitude; mais la vérité, que je vous aurais ménagée si vous fussiez resté chez moi dans des idées raisonnables, je suis forcée de vous la dire brusquement, maintenant que, sans me consulter, vous avez pris un parti. Écoutez-moi ; et toi, Lucienne, va voir Jennie.

Une heure plus tard, je vis Marius quitter ma grand'mère et s'en aller, la tête basse, du côté de la Salle verte ; je fus prise d'un effroi invincible. Jennie venait de me dire que Marius ne possédait plus rien au monde. Le dépositaire de son petit capital avait fait faillite ; ma grand'mère avait appris l'avant-veille la catastrophe qui réduisait Marius à la misère.

— Oui, allez avec lui, me dit Jennie ; n'ayez pas peur qu'il se tue, mais consolez-le de votre mieux, car il est bien à plaindre.

Je rejoignis Marius auprès du petit lac, qu'il regardait d'un air sinistre, mais, j'en suis bien certaine maintenant, sans la moindre velléité de s'y jeter.

— Je sais que tu es ruiné, lui dis-je en m'attachant à son bras sans me formaliser de la brusquerie avec laquelle il me repoussait ; mais, vois tu, à quelque chose malheur est bon, comme dit Jennie. Tu vas rester avec nous?

— Est-ce Jennie qui a dit cela? demanda-t-il avec vivacité.

— Non, c'est moi qui le dis.

— Au fait, Jennie ne peut pas me sentir, et je

lui rends bien la pareille ; mais, toi, tu ne peux pas faire que je reste sans me déshonorer. Tu ne comprends donc pas?... Tu es une enfant, et il est bien inutile que je t'explique des choses qui sont au-dessus de ta portée.

— Si fait, lui dis-je, il faut m'expliquer tout ; je suis en âge de tout comprendre.

— Eh bien, reprit-il, comprends donc que, si l'on me garde ici par charité, je dois supporter sans me plaindre tout ce qui m'y choque et tout ce qui m'y blesse : mademoiselle Jennie d'abord, la véritable maîtresse de la maison, avec ses airs dédaigneux et impertinents, et ensuite M. Frumence avec ses airs de pitié pour mon inaptitude aux sciences exactes. Or, je sais à quoi m'en tenir à présent sur ces deux recommandables personnages. Mademoiselle Jennie est une intrigante qui joue le désintéressement pour que ma tante lui fasse la part plus large sur son testament, et M. Frumence est un cuistre qui a peut-être un double but : celui d'épouser la Jennie quand elle sera riche, ou bien... Mais tu ne comprendrais pas le reste, et je t'en ai assez dit.

— Non, je veux tout savoir. Il faut que je sache tout ce que tu penses.

— Eh bien, tâche de voir un peu au-dessus de ton âge, tâche de voir l'avenir. Tu as quatorze ans. Dans un an ou deux, on pensera peut-être à te marier, et, avec ce pédant près de toi, tu seras compromise.

— Compromise? Qu'est-ce que c'est que ça?

— Tu vois bien que tu ne comprends pas!

— Explique, alors!

— C'est très-difficile, très-délicat. Cela veut dire soupçonnée.

— Mais soupçonnée de quoi?

— D'avoir pensé à épouser Frumence.

— Moi! Est-ce que ce serait possible?

— Ce serait possible, si tu étais assez indigne du nom que tu portes pour accepter celui d'un manant, et, comme tu vas vivre avec cet homme-là pour ainsi dire en tête-à-tête, on te soupçonnera d'avoir encouragé ses projets. Alors, tu comprends, les honnêtes gens te mépriseront, et moi, qui n'aurai pu le faire chasser d'ici, puisque après la scène que je lui ai faite il y est encore et compte y rester, je serais avili pour avoir acquiescé à un pareil état de choses.

— Et tu penses que M. Frumence peut avoir de pareils projets sur moi... lui qui pourrait être mon père?

— M. Frumence n'a que vingt-cinq ans, et ne pourrait pas être ton père. Quant à ses projets, il les a depuis longtemps; il les avait en entrant ici.

— Mais tu rêves, Marius, cela ne se peut pas.

— Pourquoi donc? Il savait bien que tu grandirais, que tu serais riche et que tu te marierais un jour. Mettons qu'il n'ait jamais espéré être ton mari ; il s'est dit : « Elle sera compromise par ma présence, et tout s'arrangera avec beaucoup d'argent ou une bonne place que je me ferai donner. » Tu secoues la tête ; tu ne me crois pas?

— Non !

— Eh bien, demande au docteur et à d'autres personnes du pays — car tout le monde le sait — pourquoi la pauvre Denise a été chassée. Elle est peut-être folle à présent, elle a eu tant de chagrin ! Mais elle n'était pas si folle quand on l'a enfermée... Je sais tout, moi : elle aimait Frumence !

— Oh !

— Il n'y a pas de *oh !* M. Frumence n'est pas si vertueux qu'on croit. Il avait sans doute parlé mariage à Denise, et, comme ensuite il n'a plus voulu d'elle, elle a vu ce qui se passait. Frumence était charmant pour toi, il te gâtait, il te portait comme un petit enfant. Il voulait t'attacher à lui comme à un bon petit papa, afin de te gouverner par la suite. Alors, Denise, qui avait la tête vive, est devenue jalouse de toi. Elle a parlé de vengeance, elle a dit des bêtises. On a eu peur d'elle, Frumence s'est dépêché de la faire passer pour folle...

— C'est le docteur qui dit à présent qu'elle ne l'était pas?

— Le docteur dit tout ce qu'on veut, tu le sais bien. C'est tantôt oui et tantôt non ; mais je sais des détails par d'autres personnes à qui Denise a tout avoué et tout raconté.

— Ces autres personnes, c'est madame Capeforte, conviens-en !

En effet, le pauvre enfant était l'écho de cette méchante femme. Lui qui l'avait toujours méprisée et raillée, il l'avait écoutée cette fois, parce que, mécontent de lui-même, il éprouvait le besoin de justifier à ses propres yeux la faute qu'il avait commise en adressant ses premières galanteries à la respectable Jennie et en regardant Frumence comme son rival auprès d'elle. Aussi, Marius, oublieux de ses propres torts et se gardant bien de me les laisser pressentir, se consolait-il de sa ridicule conduite par la pensée qu'il avait fait trop d'honneur à des misérables, et qu'il devait désormais autant que possible déjouer leurs intrigues.

Je fus atterrée un instant par ces malsaines et calomnieuses révélations, et, je dois l'avouer, je fus bien près d'y croire. Marius était un homme dans mon esprit, un homme qui avait déjà vu le monde et qui, à défaut de la science des livres, avait le jugement et l'expérience des choses pratiques. J'étais si enfant sous ce rapport, moi ! On m'avait gardée si pure et tellement ignorante du mal ! Toutes les fois que devant moi il était question d'un crime ou d'un scandale, ma grand'mère me distrayait pour m'empêcher d'entendre; Jennie m'emmenait, Frumence me faisait lire quelque belle histoire, et à la moindre inquiétude de ma part on me disait : « Les gens qui font le mal sont des malades; n'y songez pas : c'est l'affaire des médecins. » Depuis l'aventure de Denise, cette raison du mal m'avait toujours paru concluante, puisque Denise m'aimait tout en voulant me tuer.

Après le récit de Marius, je crus que la folie était autour de moi, ravageant toutes les âmes qui avaient servi de refuge à la mienne, troublant toutes les consciences que ma conscience avait prises pour appui et pour modèle. Un instant je craignis de devenir folle moi-même, et je crois qu'au lieu de défendre mes amis et de gronder Marius, je ne sus que divaguer et m'épouvanter avec lui, comme si tous deux nous fussions tombés dans un abîme.

XVIII

Enfin je secouai ce vertige; la raison me revint, et je repoussai le soupçon avec tant d'énergie, que Marius en fut ébranlé et rougit de sa crédulité; mais il ne voulut pas avouer tout à fait la défaillance de son jugement.

— Admettons, dit-il, que l'on m'ait exagéré tout cela et que M. Frumence n'ait pas assez de malice et de prévoyance pour avoir fait de pareils calculs; il n'en est pas moins vrai que sa présence ici, maintenant que je m'en vais, est une chose inutile et même dangereuse pour ton avenir. Ma tante est bien vieille, et Jennie la gouverne. Jennie protége Frumence, cela est évident pour moi, et il se peut qu'elle ne se méfie pas du danger. Après tout, Jennie, avec tout son esprit, est une femme du peuple qui ne sait rien du monde, de ses usages, et de la médisance à laquelle donnent prise les choses inconvenantes. Ce que tu dis de madame Capeforte peut s'appliquer à bien d'autres. Tout le monde est soupçonneux, tout le monde est porté à incriminer ceux qui bravent ses opinions. Tu appartiens au monde, tu feras un jour comme lui ; tu dois d'avance te soumettre à lui et le craindre. Il ne faut donc pas que Frumence reste ici, fût-il le plus honnête homme de la terre. Promets-moi de refuser ses leçons ; autrement, je croirai que tu veux vivre comme une sauvage, te moquer du qu'en dira-t-on, et rompre avec la société des honnêtes gens. Alors, tu comprends, je m'en laverai les mains, et je ne reviendrai jamais ici.

— Il serait bien plus simple d'y rester, toi, lui dis-je. Si tu le voulais, Frumence te mettrait en état de réparer le temps perdu.

— Non, ma chère, reprit Marius ; il est trop tard. Je n'apprendrai jamais rien ici, on y manque d'émulation, et ma tante m'a rendu un bien mauvais service en ne m'envoyant pas à Saint-Cyr, où j'aurais peut-être travaillé comme les autres.

Ainsi, Marius, en nous quittant, n'avait que des reproches à adresser à tout le monde, même à ma grand'mère, sa bienfaitrice, même à moi, qui ne lui avais pas semblé digne d'exciter ce qu'il appelait son émulation ! Son ingratitude m'apparut en cet instant comme une chose monstrueuse ; je ne pus lui répondre, et nous quittâmes la Salle verte sans nous parler. J'avais le cœur gros de douleur, mais je sentais ma fierté blessée, et je ne voulais pas pleurer. Marius marchait la tête au vent, l'air distrait, froidement dépité, et de temps en temps cassait une branche ou du pied écrasait une plante, comme s'il eût dédaigné et détesté tout ce qui se trouvait sur son chemin.

— Allons, dit-il, quand nous eûmes remonté à la prairie, tu me boudes, toi aussi? Tu es pressée de me voir au diable?

— Est-ce que vraiment tu vas dans un enfer? lui demandai-je en dissimulant mon inquiétude sous un air de plaisanterie.

— Oui, ma chère enfant, reprit-il d'un ton d'amertume qu'il s'efforçait en vain de rendre dégagé. Je vais coucher dans une espèce de soupente avec les rats et les puces; j'aurai de l'encre aux doigts et du goudron sur mes habits; je ferai des additions et des soustractions dix ou douze heures par jour. Je sais bien que M. de Malaval me fera manger à sa table, ne fût-ce que pour me condamner à écouter ses hâbleries. Et puis, le soir, pour me distraire, on me proposera une petite promenade en barque dans le port, d'un navire à l'autre. Ce sera d'une gaieté folle!... Que veux-tu! quand on est pauvre, il faut bien manger de la vache enragée. Voilà ce que tout le monde me dit... pour me consoler!

— Tu exagères. Bonne maman te donnera toujours de l'argent.

— Ta bonne maman m'en donnera jusqu'à ce que j'en gagne ; mais elle n'est pas bien riche, et on ne donne presque rien à un jeune homme, on prétend qu'il ferait des folies. C'est pourquoi on me défrayera de tout jusqu'à nouvel ordre, et on me mettra, comme aujourd'hui, vingt francs dans la poche, en me disant : « Va, mon petit, amuse-toi bien ! »

Nous fûmes interrompus par Frumence, qui nous cherchait pour nous faire ses adieux.

— M. Marius nous quitte, me dit-il, et ce n'est plus un précepteur qu'il vous faut, mademoiselle Lucienne, c'est une gouvernante. Madame votre grand'mère a compris cela, et m'a autorisé à me retirer. Je cesse à regret les leçons que j'avais le plaisir de vous donner et que vous preniez si bien ; mais, d'un autre côté, mon oncle trouvait les journées bien longues, et il a besoin de moi pour l'aider à traduire un gros ouvrage classique. J'aurai l'honneur de venir quelquefois le dimanche présenter mon respect à madame de Valangis, et j'espère que si, de votre côté, vous venez vous promener quelquefois aux Pommets, mon oncle aura l'honneur de vous recevoir.

Tel fut l'adieu simple et tranquille de Frumence. J'étais si surprise et si émue de cette résolution inattendue, que je ne sus lui rien dire. Il vit seulement à ma contenance que j'étais fort peinée, et il me tendit sa grande main, où je mis la mienne en retenant une larme. J'espère qu'il la devina et ne douta point de mon affection. Quant à Marius, il fut si confus de voir ses accusations victorieusement anéanties par le départ de Frumence, qu'il fut beaucoup plus abasourdi que moi. Il répondit à peine, et gauchement, lui qui savait si bien saluer, au salut froidement poli de notre précepteur.

— Tu le vois, lui dis-je quand nous nous retrouvâmes seuls, tu as cru à des mensonges affreux, et les vilains complots que tu supposais n'existent pas. Conviens donc que tu as été très-injuste, et ne laisse pas partir ce pauvre ami à qui tu as fait de la peine, sans te réconcilier avec lui.

Marius me le promit, et sans doute il fit de bonnes réflexions dans la nuit, car dès le lendemain matin il prit son cheval et alla rendre visite à Frumence. Je ne sais s'il eut le courage de lui demander franchement pardon ; mais sa démarche était un acte de repentir et de déférence dont les Costel lui surent gré. Le soir, Marius prit congé de ma grand'mère et de moi en pleurant. C'était la première fois qu'il montrait un peu de sensibilité, et j'en fus vivement émue. Je ne me demandai pas si c'était le chagrin de quitter le bien-être de la maison ou les tendresses de la famille. Il pleurait, c'était un fait si anormal, que ma grand'mère en fut touchée aussi. Au moment de monter dans la carriole qui le conduisait à Toulon avec ses paquets, il fit un suprême effort, alla vers Jennie et lui demanda pardon des absurdités de sa conduite. Jennie n'eut pas l'air de comprendre, assura en lui tendant la main qu'elle n'avait aucun souvenir d'une malice sérieuse de sa part, et lui recommanda de lui envoyer son linge à entretenir.

Le cocher était déjà sur son siége, le fouet en main, lorsque Marius alla dire un dernier adieu plus déchirant pour lui que tous les autres ; il alla dire adieu à son cheval. Ce n'était plus le petit bidet du meunier, c'était un joli corse que ma grand'mère avait acheté pour lui l'année précédente. Je vis que Marius pleurait encore plus en sortant de l'écurie qu'en sortant de nos bras ; mais je n'étais pas en veine d'observation. Je le plaignis de tout perdre à la fois, ses affections et ses plaisirs. Je lui promis d'obtenir que son cheval ne serait pas vendu, et qu'il le retrouverait quand il viendrait nous voir.

XIX

Quand Marius fut parti, j'eus pourtant la sensation d'un grand soulagement. Je sentis que je m'appartenais, et, n'étant plus obligée de l'amuser, je m'amusai comme je l'entendis toute la journée. Je pus recommencer pour la millième fois un petit jardin avec l'espoir que cette fois il ne serait pas piétiné avec une maligne distraction, et que là où je plantais des jacinthes je ne trouverais pas le lendemain des asperges; mais, dès le jour suivant, je me reprochai mon égoïsme, et je pensai que Marius était malheureux, privé de tout peut-être, lui si délicat, commandé et humilié, lui si indépendant et si hautain. Jennie me trouva pleurant dans un coin. Elle me consola de son mieux, et, comme je m'affligeais de n'avoir pas d'argent à donner à mon pauvre cousin pour adoucir son triste sort :

— Vous en avez, dit-elle; prenez dans ma chambre ce que vous voudrez.

Je ne me connaissais pas d'économies. Elle me fit croire qu'elle en avait fait pour moi sur les étrennes et cadeaux d'anniversaire que me donnait ma bonne maman. J'étais l'enfant le moins porté à compter et à calculer. Je ne doutai pas de ce que Jennie me disait, et je lui demandai en tremblant si j'avais bien cent francs. C'était à mes yeux un chiffre énorme pour les menus plaisirs d'un jeune homme; mais je ne pensais pas pouvoir offrir moins à Marius, qui avait tant de besoins.

— Vous avez plus de cent francs, me répondit Jennie; mais donnez peu à la fois, afin de faire plaisir plus souvent.

Je n'y pus tenir. Dès que j'eus les cent francs et que Marius revint nous voir, je les lui offris avec une joie enfantine. Il me rit au nez en me demandant où j'avais pris cela. Il savait bien, lui qui comptait toujours, que je n'avais rien du tout.

— Voyons, me dit-il après avoir repoussé l'argent avec dépit et en voyant que je pleurais, comment es-tu assez sotte pour te figurer que je suis d'humeur à recevoir l'aumône?

— Pourquoi appeler ça l'aumône? C'est un cadeau que je te fais. Tu peux bien recevoir de moi un cadeau, j'espère?

— Non, ma pauvre Lucienne, je ne peux pas.

— Pourquoi?

— Pourquoi! pourquoi! parce que c'est l'argent de Jennie!

— Eh bien, quand elle me l'aurait prêté ?

— Non, non, merci, Lucienne ! je ne veux rien. Tu es une bonne fille, un bon cœur. Je t'aime beaucoup, vois-tu. Je ne te l'ai jamais dit, c'est bête à dire comme ça pour rien ; mais j'ai eu du chagrin de te quitter. Je ne veux pas de ton argent, voilà tout ; ce serait lâche !

Je ne compris rien aux raisons qu'il me donna, et je lui reprochai de n'avoir aucune amitié pour moi.

— C'est trop me traiter en petite fille, lui dis-je. Jennie me rend plus de justice ; elle trouve qu'on n'est jamais trop jeune pour aimer ses parents et pour s'intéresser à leur sort. Je vois que je ne suis rien pour toi et que tu veux nous oublier tous.

Marius laissa couler longtemps le flot de mes reproches, et il parut hésiter à me répondre. Enfin il prit un grand parti qui parut lui coûter. Il remit avec autorité l'argent dans ma poche.

— Ne parlons plus de cela, dit-il ; plus tu m'en parles, plus je vois que tu ne comprends rien aux choses du monde. Il faut pourtant que j'essaye de te les faire comprendre. Un homme ne peut accepter la protection et les bienfaits que de trois femmes, sa mère, sa sœur ou...

— Ou quoi ?

— Ou sa femme. Eh bien, je n'ai plus de mère,

et une tante... si bonne qu'elle soit, ce n'est pas la même chose. Une sœur... tu n'es pas la mienne!

— Je croyais que c'était tout comme.

— Oui, à présent; mais dans deux ou trois ans ce ne sera plus tout comme; tu te marieras, et les maris n'aiment pas les cousins.

— Pourquoi?

— Que tu es sotte avec tes pourquoi! Ils en sont jaloux, voilà! Ils supposent toujours que les cousins ont de l'amour pour les cousines.

— Mais puisque tu n'en as pas pour moi?

— Je n'en ai pas, parce que tu es trop jeune; mais, quand tu seras plus grande, j'en pourrais avoir, et cela ne vaudrait rien. Tu es trop riche pour moi.

— La richesse ne signifierait rien, si nous nous aimions.

— Ça, c'est juste. Voilà la seule chose raisonnable que tu aies dite. Quand on est d'une naissance égale, quand on a été élevés ensemble et qu'on n'est affreux ni l'un ni l'autre, on peut bien se marier, et alors, ce qui est à l'un est à l'autre. Si la femme est riche, le mari tâche de s'enrichir aussi. Tout vient avec l'âge et l'expérience, et le monde approuve. Mais, pour se marier ensemble, il faut se convenir, et, quand tu seras grande, tu auras peut-être de l'ambition, de la coquetterie, un tas de défauts que tu n'as pas encore, et qui viennent, à ce qu'on dit, aux jeunes filles.

— C'est madame Capeforte qui dit ça? Et alors, tu ne veux pas te marier?

— Je ne suis pas encore en âge d'y penser. Plus tard, je verrai.

— Est-ce que tu crois que je pourrais avoir un jour de l'amour pour toi?

— Ça, je n'en sais rien. C'est selon comme tu entends l'amour.

— Mais... je ne l'entends pas. Je ne l'ai jamais vu. L'amour, ça doit être une amitié qui fait qu'on se donne tout et qu'il n'y a plus ni tien ni mien, comme tu disais tout à l'heure.

— C'est cela justement.

— Eh bien, alors, Marius, j'ai peut-être déjà de l'amour pour toi.

— Ah bah!

— Oui, puisque j'ai du chagrin d'être la plus riche et de ne pas pouvoir t'enrichir. Pourtant, attendons! je suis comme ça aussi avec Jennie!... Est-ce que tu me laisserais aimer Jennie autant que toi, si nous étions mariés?

— Oui, si Jennie nous aidait à nous marier!...

— Veux-tu que je lui demande ce qu'elle penserait de ça?

— Non, c'est trop tôt. Elle dirait que nous parlons de choses au-dessus de ton âge, et je crois qu'en effet nous disons des sottises bien ridicules.

— Moi, je ne trouve pas ridicule de causer raisonnablement. Voyons, parle-moi raison, dis-moi ce que tu penserais et comment tu te conduirais, si tu avais de l'amour pour moi dans la suite?

— Je travaillerais, Lucienne! Je penserais que mon devoir est de me bien conduire ; j'aurais une tranquillité dans le cœur, un avenir dans la tête. Je désirerais te devenir agréable, j'aurais des attentions pour toi. Je ferais plus volontiers tes volontés que les miennes. Je serais plus gentil que je ne l'ai été. Je m'habillerais bien pour te faire plaisir. Je gagnerais vite de l'argent pour avoir un joli cabriolet et un beau cheval afin de te mener promener. Je te donnerais un bouquet tous les matins. Je te conduirais où tu voudrais, même aux endroits que tu aimes et que je n'aime pas. Je trouverais beau tout ce qui te plaît, même le régas et la mer. Enfin je serais charmant comme un jeune homme que j'ai vu à Avignon et qui venait de se marier par amour avec sa cousine. Ils paraissaient très-heureux tous les deux, et pourtant le jeune homme n'était pas riche ; mais sa cousine l'était pour deux, et elle paraissait très-contente.

— Si tu devenais gentil comme tu dis, Marius, et si tu voulais bien travailler auparavant, je t'assure que je serais contente aussi de me marier avec toi.

— Eh bien, Lucette, ça pourra venir, qui sait?

Le dîner qu'on sonnait interrompit ce bizarre entretien, qui devait avoir pour moi de pénibles conséquences dans l'avenir.

XX

Certes Marius n'avait pas pris en lui-même l'initiative d'un commencement de séduction : s'il avait été habile, c'était bien à son insu, et comme entraîné sur une pente creusée tout à coup par l'enfantine spontanéité de mon caractère; mais il est bien certain aussi que madame Capeforte avait préparé les voies à l'espèce d'engagement que nous venions de prendre vis-à-vis l'un de l'autre. Elle avait confessé Marius malgré lui, elle savait désormais tout ce qu'elle avait voulu savoir : d'abord que Marius et moi n'étions pas des enfants précoces et que nous n'avions jamais deviné l'amour ensemble, à preuve qu'au premier éveil de ses sens Marius avait compris que je n'étais pas une femme, et que la seule femme de la maison était

Jennie; qu'ensuite Frumence lui avait inspiré de la jalousie, et qu'il avait été prompt à saisir ce prétexte vis-à-vis de lui-même pour se débarrasser de son autorité; qu'enfin Marius était incapable de se créer une position, et qu'il n'était bon qu'à faire un joli petit mari pour une fille de campagne bien vulgaire, mais passablement dotée.

Alors, il s'était présenté à l'esprit de madame Capeforte une déduction rapide et logique. Elle avait une fille laide, mais unique et assez riche ; elle s'était dit que Marius avait un nom et des relations qui la mettraient enfin au niveau de cette noblesse de province où elle était si jalouse de s'introduire. La dévotion seule ne suffisait pas ; il fallait arriver par d'autres intrigues à une alliance. Marius était tout fait pour subir sa fille en échange d'une dot.

Mais, en insinuant à Marius que son avenir dépendait d'un bon mariage, elle avait éveillé en lui la pensée de m'épouser, qui ne lui était probablement jamais venue. Elle avait vu sa surprise, son irrésolution, son effroi peut-être, et, découvrant qu'elle lui faisait faire fausse route, elle s'était hâtée de dire que j'étais trop jeune pour lui. C'est une fille de seize ans (une fille comme Galathée Capeforte), qui pouvait commencer à représenter pour lui l'avenir. Et, comme probablement Marius n'avait pas daigné comprendre, comme il avait peut-être parlé de moi, sa meilleure amie, la Capeforte s'était hâtée de le dégoûter en forgeant le roman odieux et insensé dont Frumence devait être le héros. Tout cela était aidé, comme on l'a deviné, par les aveux bizarres qu'elle avait arrachés à la pauvre Denise dans son délire.

Le résultat de ce bel échafaudage avait été bien contraire à ses vues. Marius n'avait pas seulement songé à Galathée, victime ordinaire de ses sarcasmes les plus piquants. Il avait songé à moi malgré lui, peut-être aussi par réaction contre Frumence et Jennie.

Marius s'était vraisemblablement promis de ne me rien dire encore, et d'attendre l'âge où les rêves confus de l'adolescence peuvent devenir des projets admissibles. Surpris par les événements, par la nouvelle de son désastre, par l'effusion de mon intérêt, par mon désir de le sauver et par l'état de complète innocence qui me faisait parler d'amour comme de l'inconnue à dégager d'un problème de mathématiques; touché peut-être de mon amitié sincère et de la candeur de ses prétendus ennemis, il admettait enfin, comme par surprise, l'idée de trouver en moi son refuge contre le malheur, et il consentait presque à se laisser aimer, si c'était ma fantaisie, peut-être à me payer de retour, si j'en valais la peine un peu plus tard.

Et moi, folle enfant, j'allais au-devant de cette étrange destinée, à laquelle ne m'entraînaient ni les sens, ni l'engouement, ni une grande estime, ni l'éblouissement de l'imagination, rien enfin de ce qui constitue l'amour sérieux, fatal ou romanesque dans le cœur d'une jeune fille. La seule chose sérieuse en tout cela pour moi, c'était la pitié; la seule chose fatale, l'habitude de gâter Marius; la seule chose romanesque, mon besoin de dévouement.

Et Jennie, mon incomparable Jennie, ne comprit pas qu'elle devait m'arrêter sur cette pente glissante, ou, si elle eut quelque terreur, elle crut qu'il valait mieux ne pas m'avertir afin de ne pas me donner le vertige. Quand, impatiente de lui ouvrir mon cœur, je lui racontai le soir même la longue divagation qui avait eu lieu entre Marius et moi, elle n'en fit que rire.

— M. Marius est encore plus enfant que vous, me dit-elle. Ce n'est pas dans deux ans que vous serez bonne à marier. A seize ans, on ne sait pas encore qui l'on aime, et lui, il serait encore trop jeune pour avoir des idées sérieuses. Vous avez donc encore plusieurs années à rester heureuse et confiante comme vous l'êtes, et, quant au mari que vous aurez un jour, ce n'est pas à vous, c'est à votre grand'mère d'y penser d'avance.

— Tu as raison, Jennie, répondis-js, et je ne suis pas du tout inquiète de moi; mais, si, avec cette idée-là, Marius pouvait devenir raisonnable et bon, ce serait bien de la lui laisser.

— Non, reprit Jennie, c'est très-inutile. Marius deviendra raisonnable et bon de lui-même. Vous savez bien qu'il est doux, honnête, et qu'il est honteux quand il a fait une sottise. Il ne faut pas encore le prendre au sérieux. M. Marius n'est pas encore un jeune homme : c'est un écolier qui parle du monde sans savoir mieux que vous et moi ce que c'est. Il a de la fierté, c'est très-bon, et il a refusé votre argent, c'est très-bien. Il a peur cependant de manger de la vache enragée, le pauvre petit! Eh bien, attendez comment il va se conduire. S'il montre du courage et de la patience, j'irai trouver M. de Malaval, je lui remettrai votre argent, et, sans le savoir, votre cousin sera mieux nourri et mieux logé. Je demanderai qu'on ait des égards pour lui, et il croira qu'il ne les doit qu'à sa bonne conduite : ça l'engagera à continuer.

Jennie exerçait sur moi un doux magnétisme. Sa parole me calmait toujours. Je m'endormis tranquille. Elle-même chassa de son esprit tout germe d'inquiétude. Frappée par les plus grands malheurs qu'une femme puisse supporter, sa générosité sans égale l'avait maintenue optimiste. Elle croyait surtout aux enfants. Elle disait qu'il fau les rendre heureux pour les rendre bons. Elle n'avait jamais eu de préventions ni de ressentiment contre Marius. Elle l'avait toujours plaisanté sans aigreur et sans s'apercevoir de l'aigreur qu'il nourrissait contre elle. Le jour où elle lui avait semblé si jolie, en honnête et forte femme qu'elle était, elle n'avait pas eu de colère : elle lui avait ri au nez. Elle n'avait trahi vis-à-vis de personne le ridicule de cette fugitive velléité. A force d'être sage et bonne, elle ne devinait pas de quelles injustices le faible et irrésolu Marius était capable.

J'avoue que je ne m'étais pas senti la force de l'éclairer à cet égard. Je la respectais trop pour lui répéter les imaginations révoltantes de madame Capeforte. Jennie ne sut donc pas alors combien peu de fonds offrait le véritable caractère de mon pauvre cousin.

Quant à Frumence, je ne sus rien des motifs qui l'avaient déterminé à offrir si subitement sa démission de précepteur. J'avais encore grand besoin de ses leçons assurément, et je n'en devais jamais retrouver d'aussi bonnes. C'est par la suite que j'ai appris ce qui eut lieu le jour où Marius lui fit une scène si étrange et si déplacée.

Dès ce jour-là, Frumence avait compris qu'il ne pouvait plus être utile à Marius, et que la jalousie ridicule de cet enfant pouvait lui faire à lui-même une situation ridicule dans la maison. Il avait senti que l'un des deux devait céder la place à l'autre, et il n'eût pas admis que ce ne fût pas lui. Il l'avait cherché pour lui déclarer qu'il comptait se retirer, et, ne l'ayant pas trouvé, il avait parlé à ma grand'mère, prétexté des travaux qui allaient absorber tout son temps, et, sans montrer ni regret ni faiblesse, il avait disparu sans bruit. Il s'en allait pourtant le cœur navré, ce pauvre Frumence; mais il avait du courage, lui, et une persévérance à toute épreuve.

XXI

Je ne dois pas oublier un événement qui, pour la première fois, me donna l'idée de l'étrange position qu'en dépit de mon bonheur et de ma sécurité j'occupais dans le monde.

Il y avait environ un mois que Marius nous avait quittées, lorsque j'allai à Toulon avec Jennie pour quelques emplettes. Nous rencontrâmes dans une boutique madame Capeforte avec une femme que je ne reconnus pas d'abord sous la mante noire dont elle était embéguinée. Je ne faisais même aucune attention à cette femme, lorsqu'elle se jeta sur moi et m'embrassa plusieurs fois coup sur coup sans me donner le temps de respirer. C'était ma pauvre Denise, si changée et si enlaidie que je ne pus retenir mes larmes en lui rendant ses caresses.

Comme elle faisait grand bruit de sa joie de me revoir et menaçait d'attrouper les passants, madame Capeforte nous fit passer dans l'arrière-boutique en me disant tout bas :

— Ne craignez rien, elle est toujours un peu trop démonstrative ; mais elle n'est plus folle puisque je sors avec elle, comme vous voyez.

Je n'avais nullement peur, et, Jennie étant avec moi, j'étais bien sûre que ma grand'mère ne me blâmerait pas de témoigner de l'intérêt à ma nourrice. Denise essaya d'abord de se calmer et de causer avec moi ; mais la vue de Jennie lui inspira une jalousie soudaine, et je vis bien, à ses yeux ardents et à sa parole brève, qu'elle était loin d'être guérie. Tout ce que Jennie put lui dire pour l'apaiser augmenta son dépit, et, se levant tout à coup :

— Vous n'êtes qu'une menteuse et une intrigante! lui-dit-elle. Je vous reconnais bien! C'est vous qui avez ramené *cette fille* (en parlant ainsi, elle me désignait) à la pauvre madame de Valangis; mais ce n'est pas là son enfant, c'est la vôtre.

Madame Capeforte, qui écoutait Denise avec avidité, fit semblant de vouloir la détromper, tout en demandant insidieusement à Jennie si c'était elle, en effet, qui m'avait ramenée à ma grand'mère. Jennie répondit qu'elle ne savait ce qu'on voulait lui dire, et Denise s'emporta contre elle en invectives, assurant toujours qu'elle la reconnaissait.

— Et comment voulez-vous qu'on croie à vos mensonges? s'écria-t-elle; est-ce moi qui serai votre dupe, quand je sais bien que l'enfant est mort? Et comment ne saurais-je pas qu'il est mort, puisque c'est moi qui l'ai tué?

— Taisez-vous, Denise, lui dit madame Capeforte du ton dont elle lui eût dit de parler encore; voilà que votre tête se perd. Vous n'auriez pas tué un enfant que vous nourrissiez, à moins d'être folle.

— Et qui vous dit que je ne l'étais pas? reprit Denise avec véhémence. Est-ce que je sais, moi, quand j'ai commencé à l'être? Non, je ne m'en souviens pas. Je sais qu'on m'a enfermée après, et qu'on m'a fait souffrir tous les martyres; mais je sais aussi qu'il y avait un pont et une voiture. Je ne vois plus où c'était, je ne peux pas dire quand c'était. J'ai jeté l'enfant dans l'eau pour voir s'il avait des ailes, parce que j'avais rêvé qu'il en avait; mais il n'en avait pas, car il s'est noyé, et jamais personne ne l'a retrouvé. Alors...

Denise n'en put dire davantage, elle devint furieuse, et les commis du magasin furent forcés d'accourir et de la tenir de force pendant que Jennie m'emmenait au plus vite.

Jennie essaya de me distraire de l'émotion que cette scène fantasque et douloureuse m'avait causée; mais elle-même en était aussi bouleversée que moi, et, en revenant chez nous, nous fîmes presque la moitié du chemin sans pouvoir nous rien dire. Enfin elle rompit le silence en me demandant à quoi je songeais,

— Peux-tu me le demander! lui dis-je. Je pense que c'est cruel et imprudent de la part de madame Capeforte d'avoir mis cette pauvre Denise en notre présence. Elle devait bien savoir qu'elle était folle toujours et que l'émotion lui donnerait une crise.

— Vous ne pensez pas, reprit Jennie d'un air pensif, que madame Capeforte ait pu le faire exprès?

— Oh! mon Dieu, si, va! madame Capeforte nous déteste, je ne sais pas pourquoi!

— Mais elle ne déteste pas Denise ; elle la soigne, elle la prêche, elle la promène. Non, madame Capeforte ne s'attendait pas à la voir comme cela !

— Soit ; mais est-ce que tu crois, Jennie, que Denise a toujours été folle ?

— C'est ce que je voulais aussi vous demander. Avez-vous jamais ouï dire qu'elle fut déjà bizarre, du temps qu'elle était votre nourrice ?

— Non, jamais. Elle embrouille ses souvenirs. Il est bien certain qu'elle a voulu me tuer, mais c'est à la fin de son dernier séjour chez nous.

Et je racontai à Jennie comment Denise avait voulu me jeter hors de la voiture, la dernière fois que je m'y étais trouvée avec elle. Jennie me fit entrer dans tous les détails qu'il me fut possible de lui donner, et, comme elle m'écoutait avec attention :

— Sais-tu, lui dis-je, frappée de sa physionomie inquiète, que tu as l'air de penser que j'ai été tuée ?

— Je ne peux pas le penser, dit-elle en souriant de ma naïveté, puisque vous voilà ici.

— Sans doute, Jennie ; mais *si je n'étais pas moi ?* Voyons ! si Denise avait jeté la vraie Lucienne dans le torrent sans savoir ce qu'elle faisait, et qu'ensuite celle qu'elle y voulait jeter encore fût une fausse Lucienne comme elle le prétend ?

— Alors, vous seriez la fausse Lucienne ?

— Dame, qui sait ?

— Quelqu'un aurait donc eu intérêt à faire cette lâcheté de tromper votre grand'mère ?

— Ou quelqu'un se serait trompé fort innocemment en lui ramenant une petite fille qui ne serait pas la sienne.

— Vous croyez donc que Denise sait ce qu'elle dit ?

— Est-ce que tu ne le crois pas un peu toi-même ? Tu as l'air tout triste et tout étonné.

— Mais Denise prétend aussi que c'est moi qui vous ai ramenée. Le croyez-vous ?

— Non, si tu me dis le contraire.

— Ce que je peux vous jurer, c'est que j'ai vu Denise aujourd'hui pour la première fois.

Il me sembla que Jennie éludait ma question et, à mon tour, je la regardai si attentivement, qu'elle en fut troublée.

— Ah ! ma bonne Jennie, m'écriai-je, si c'est par toi que j'ai été élevée et ramenée, ne me le cache pas. Je t'aimais tant !

— Vous m'aimiez ? dit Jennie émue.

— J'aimais une mère que j'avais ! On a bien tâché de me la faire oublier ; mais justement la seule chose que je n'ai pas oubliée, c'est le chagrin que j'ai eu quand elle m'a laissée là avec ma grand'mère, que je ne connaissais pas. Je ne parle jamais de cela avec personne. Je ne voudrais pas faire de la peine à ma bonne maman ; mais, je te le dis, à toi, j'ai été bien longtemps sans l'aimer, et même encore à présent quelquefois, quand je pense à *l'autre,* malgré moi je me figure que je n'ai jamais chéri personne autant qu'elle.

Soit que Jennie ne fût pas celle dont je parlais, soit qu'il lui fût interdit formellement de me rien révéler, et qu'elle sût se résigner à mentir dans l'intérêt de mon repos, elle détourna mes soupçons, et même elle me gronda un peu de préférer à ma grand'mère un fantôme que j'avais peut-être rêvé.

— Je veux bien me persuader cela, si c'est mal de me souvenir, lui répondis-je ; mais je ne sais pas pourquoi je ne pourrais pas être ta fille et chérir ma grand'mère.

— Vous dites des enfantillages, Lucienne ! Vous êtes trop grande pour dire ces choses-là. Si vous étiez ma fille, vous ne seriez pas la petite-fille de madame de Valangis, et Denise aurait bien raison de me traiter d'intrigante et de menteuse ; car j'aurais trompé votre bonne maman, ce qui serait odieux.

— Ce que tu dis là me ferme la bouche. Je n'y songeais pas, et ce que Denise a dit me faisait rêver tout éveillée. Je vois bien que Frumence avait raison; les enfants ne doivent pas causer avec les fous, ça leur tourne la tête. Je ne veux plus te dire qu'une chose, Jennie : c'est qu'en supposant que je fusse une fausse Lucienne... cela, tu n'en sais rien, et personne ne peut prouver le contraire!...

— Je vous demande pardon, on peut prouver le contraire; mais supposons ! Que vouliez-vous dire ?

— Je voulais dire qu'au fond cela me serai bien égal, à moi ! Puisque ma grand'mère m'aime comme son enfant, je l'aime comme ma grand'-mère, et je ne peux pas tenir beaucoup à ma pauvre maman que je n'ai pas connue, et à mon papa que je ne connaîtrai, je crois, jamais. Sais-tu, Jennie, qu'il n'a jamais répondu un mot aux lettres qu'on m'a fait lui écrire? Elles étaient pourtant gentilles, mes lettres ! Je m'étais bien appliquée, je lui promettais de bien l'aimer, s'il voulait m'aimer un peu. Eh bien, il paraît qu'il ne veut pas.

— Cela n'est pas possible, répondit Jennie; mais supposons que cela soit : votre grand'mère vous aime pour deux, et dès lors il ne faut pas dire que vous voulez bien être une fausse Lucienne. Si elle le pensait, elle en aurait trop de chagrin.

— Je ne veux pas qu'elle ait du chagrin ; mais, toi, Jennie, puisque tu ne m'es rien, cela t'est bien égal que je sois la fausse ou la vraie ?

— Oh ! moi, cela ne me regarde pas. Soyez ce que vous voudrez, je ne vous aime ni plus ni moins.

— Alors, c'est toi qui m'aimes plus que tout le monde; car peut-être bien que les autres, ma bonne maman elle-même, ne me regarderaient plus si je n'étais pas mademoiselle de Valangis. Pourtant ce ne serait pas ma faute.

Nous arrivions. Jennie, voyant travailler ma cervelle, se hâta de raconter notre maussade aventure à ma grand'mère afin qu'elle me tranquillisât. Ce fut bientôt fait. J'avais un grand respect pour l'air calme et sérieux de ma bonne maman.

— Soyez sûre, ma fille, me dit-elle, que vous m'appartenez, et que votre pauvre nourrice ne sait ce qu'elle dit. Plaignez-la et oubliez ses paroles. Respectez et chérissez Jennie autant que moi-même, je le veux bien ; mais sachez que vous n'avez pas d'autre mère que moi. Quant à votre papa, dont vous vous plaignez un peu, songez qu'il vous a à peine connue, qu'il n'a pas été libre de vous venir voir dans le temps, et qu'à présent, il a une autre femme et d'autres enfants dont il est forcé de s'occuper. Il sait que vous êtes bien avec moi, et vous ne devez jamais vous croire le droit de lui faire des reproches. Promettez-moi que cela ne vous arrivera plus.

Je le promis, et je ne tardai pas à oublier les divagations de Denise et les miennes propres. Pourtant rien ne put jamais m'ôter de l'idée que Jennie et mon ancienne maman étaient la même personne. Cela était comme gravé dans mon cœur, sinon dans ma mémoire. Il n'en résultait pas que je fusse la fille de Jennie, mais rien n'empêchait que j'eusse été élevée par elle.

Cette aventure eut un résultat dont je ne m'aperçus guère et dont je ne me rendis pas compte. Je la racontai à Marius, qui, au lieu de me tranquilliser, comme avait fait ma grand'mère, devint tout pensif, et ne me laissa plus revenir sur nos projets de mariage. Comme ces projets avaient été le résultat d'un sentiment irréfléchi, ils s'effacèrent aisément de mon esprit en quelques années, et le sien ne parut pas en avoir conservé la moindre trace.

XXII

Frumence et Marius partis, une vie nouvelle, une vie pleine de dangers intellectuels, commença pour moi.

Je crois que l'éducation d'une femme ne doit pas être dirigée exclusivement par des femmes, à moins qu'on ne la destine au cloître; et, sans que je pusse m'en rendre compte, je ressentis bientôt la privation de cet aliment plus mâle et plus large que m'avait procuré jusque-là l'enseignement de Frumence.

On fit venir une gouvernante qui s'ennuya au bout de quinze jours, et puis une seconde qui m'ennuya bien plus longtemps et me fit beaucoup de mal. Ce fut la faute de la trop grande modestie de ma pauvre Jennie. Elle ne crut pas pouvoir suffire à la tâche, et Dieu sait pourtant qu'en me faisant établir un échange de cahiers, de livres et de notes avec Frumence, avec le don qu'elle possédait de s'intéresser à tout, de comprendre l'esprit et le but de toutes choses, enfin de rendre le travail attrayant, elle eût pu continuer en sous-ordre et sans secousse le développement, plus lent peut-être, mais logique et paisible de mon esprit.

Elle craignit, en s'occupant trop exclusivement de moi, d'être forcée de négliger ma grand'mère, dont l'âge réclamait tant de petits soins. Et puis elle se laissa persuader par l'opinion des personnes qui venaient nous voir qu'une demoiselle de mon rang ne devait pas être une personne sérieusement instruite, mais une petite artiste. En fait d'art, elle n'avait que les notions instinctives d'un goût naturellement élevé, mais elle n'en soupçonnait pas la pratique; elle ne savait pas qu'il faut être spécialement doué, ou enseigné d'une façon magistrale. Elle entendit parler de personnes qui ont *beaucoup de talents,* et elle ne mit pas en doute que je ne fusse destinée à les acquérir tous; c'était aussi l'opinion et le désir de ma grand'mère. En conséquence, on me mit entre les mains d'une demoiselle anglaise qui venait, disait-on, d'achever l'éducation d'une jeune lady mariée à Nice, et sur le compte de laquelle on nous donna les meilleurs renseignements. Elle devait m'enseigner, dans l'espace de deux ou trois ans, la musique, le dessin, l'anglais, l'italien et un peu d'histoire et de géographie par-dessus le marché. Sous ce rapport, heureusement; j'en savais déjà plus qu'elle.

Miss Agar Burns était une fille de quarante ans; fort laide, qui me fut antipathique et pour ainsi dire à jamais étrangère à première vue. Il me serait impossible, même aujourd'hui, de faire une bonne analyse de son caractère : c'est peut-être qu'elle n'en avait pas de déterminé. Elle n'était pas une personne, mais plutôt un produit, une de ces monnaies usées par le frottement, qui ont perdu toute effigie et qui n'ont plus qu'une valeur de convention. Je crois qu'elle était de bonne famille et qu'elle avait eu des malheurs de plus d'un genre dans sa première jeunesse. Cela avait dû être expié par une vie de gêne et de dépendance, réparé par une complète soumission extérieure aux lois de la société. Au fond, elle ne respectait rien que les apparences, et, si elle n'avait plus de révoltes, c'est qu'elle n'en pouvait plus avoir. Il y avait de l'épuisement dans ses yeux pâles, de l'apathie dans ses grands bras maigres toujours pendants le long de ses flancs abrupts, du découragement dans sa voix sourde et sa parole traînante. Et sous ces airs de ruine vulgaire il y avait l'orgueil d'une princesse détrônée, peut-être le souvenir d'une grande déception. La seule chose vivante en elle, c'était l'imagination ; mais c'était une fantaisie vague, niaise, et comme une suite de rêvasseries sans ordre et sans couleur. Bref, elle distillait l'ennui par tous ses pores. Elle l'éprouvait et elle l'inspirait.

Elle ne m'enseigna rien qui vaille et me fit perdre beaucoup de temps. Ses leçons étaient longues, mornes et diffuses. Sous un air de ponctualité austère, elle ne se souciait en aucune façon des progrès que je pouvais faire. Toute la question pour elle était de remplir mes heures et les siennes par une inutile corvée régulière. L'exactitude de ces heures suffisait à sa conscience ; n'aimant rien ni personne que je sache, elle se traînait, languissante et désenchantée, parfaitement résignée en apparence, mais protestant intérieurement contre toutes gens et toutes choses.

De tout ce qu'elle était censée m'apprendre, je n'appris rien que l'anglais. Je savais plus d'italien qu'elle. Frumence m'en avait appris la grammaire comparée avec la grammaire latine, et j'en connaissais très-bien les règles. J'étais plus portée à le bien prononcer, grâce à l'accent méridional qui résonnait sans cesse à mes oreilles, que miss Agar avec son sifflement et sa chanson britanniques incorrigibles. Elle m'enseigna les éléments de la musique ; mais, par la sécheresse de son jeu, elle me fit prendre le piano en horreur. Elle dessinait et lavait avec une audacieuse stupidité, grâce à une facture de convention qu'elle savait de mémoire et qu'elle appliquait à tort et à travers. Elle faisait tous les rochers un peu ronds, tous les arbres un peu pointus; toutes ses eaux étaient du même bleu, tous ses ciels du même rose. Si elle faisait un lac, elle ne pouvait se dispenser d'y mettre un cygne, et, s'il y avait une barque, il y fallait invariablement un pêcheur napolitain. Elle aimait les ruines avec passion et trouvait moyen, quels que fussent l'âge et la localité de ses modèles d'après nature, d'y introduire une arcade ogivale festonnée du même lierre dont la guirlande lui avait servi pour toutes les arcades possibles.

Elle n'essaya pas de m'apprendre le chant. Elle me le faisait tellement haïr avec ses romances sentimentalement tremblotées et son aigre accent de mouette, que je lui fis, dès le premier jour, la comédie de chanter à un quart de ton plus bas que la note. Elle décréta que j'avais la voix fausse, et je fus sauvée de la romance.

Resta donc l'anglais, que j'appris en m'habituant à causer avec elle. J'avais de la facilité pour les langues et même de la mémoire pour les dialectes. D'ailleurs, je découvris que la seule manière de supporter la banale conversation de miss Agar, c'était de l'utiliser ainsi à mon profit en marchant avec elle. Comme je devins un peu languissante de quatorze à quinze ans, Jennie exigeait que je fisse tous les jours une bonne promenade, ce qui m'eût été un plaisir, si elle eût pu la faire avec moi; mais, si un jour, par hasard, elle abandonnait ma grand'mère aux soins de miss Burns, elle était bien sûre de retrouver l'Anglaise endormie ou absorbée dans un coin du salon et ma pauvre bonne maman oubliée sur son fauteuil, rêveuse, attristée, ou en proie aux importuns.

XXIII

Il fallait donc me résigner à promener miss Agar, sauf à la voir s'endormir en marchant. Elle avait la prétention d'être intrépide et d'avoir gravi à pied toutes les montagnes de la Suisse et de l'Italie avec les jeunes ladies dont elle avait fait l'éducation; mais apparemment elle avait eu dans ce temps-là plus de force et de courage, où, de guerre lasse, elle avait suivi, pour cela comme pour tout le reste, les routes battues, car elle n'aimait pas du tout nos sentiers à pic et nos précipices. J'avais la méchanceté de la conduire aux endroits les plus accidentés, par les chemins les plus âpres, et, comme elle ne voulait pas avoir le démenti de son *pied alpestre,* elle me suivait, rouge comme une betterave et le nez tout en sueur. Quand nous étions au but, elle s'asseyait, sous prétexte de s'imprégner de la beauté du paysage et elle ouvrait son portefeuille à forte odeur de cuir anglais, pour dessiner le site à sa manière ; mais, tout en dessinant, elle me parlait du pic du Midi dans les Pyrénées, du mont Blanc ou du Vésuve, et, ses souvenirs l'empêchant de voir et de comprendre ce qu'elle avait devant les yeux, elle en revenait à ses roches émoussées, à ses arbres aigus, et à ses arcades de fantaisie pour servir de repoussoir. Peu à peu, tout en feignant de dessiner aussi, je m'éloignais d'elle, je m'enfonçais seule dans les ravins, allant à la découverte des choses inexplorées, ou me cachant derrière un bloc de rocher dans quelque recoin perdu, pour regarder la nature à ma guise, ou rêver à ma fantaisie. Elle s'inquiétait fort peu de mes fugues, et, au bout d'une heure ou deux, je la retrouvais assoupie de fatigue dans une pose disgracieuse, ou remettant à la hâte dans son sac un roman qu'elle lisait en cachette. J'eus la curiosité de savoir ce qu'elle lisait, et, une fois ou deux, en m'approchant avec précaution, je pus en lire quelques pages par-dessus son épaule. Un peu de tentation pour le fruit défendu, un peu d'espièglerie aussi me décidèrent à entrer furtivement dans sa chambre et à y prendre un des volumes qu'elle avait lus, pendant qu'elle emportait, mystérieusement aussi, le volume suivant à la promenade. Je cachais le mien dans mon panier, et, dès qu'elle commençait son dessin, je m'esquivais, certaine qu'elle allait bientôt lire. C'est à quoi elle ne manquait pas, et nous avons dévoré ainsi, en cachette l'une de l'autre, séparées par un buisson ou une ravine, une prodigieuse quantité de romans.

Ces romans à la couverture crasseuse et aux marges maculées, mademoiselle Agar se les procurait en les louant aux libraires de Toulon par l'intermédiaire de madame Capeforte, avec qui elle était en bons termes, et qui voulait toujours être agréable à tout le monde. Ce n'étaient pas de mauvais livres à coup sûr, mais c'étaient de bien mauvais romans; des histoires de sentiments contrariés, presque toujours des amants séparés par des aventures de brigands, ou par des préjugés de famille implacables. Cela se passait presque toujours en Italie ou en Espagne. Les héros s'appelaient presque toujours don Ramire ou Lorenzo. Il y avait partout des clairs de lune magnifiques pour lire des lettres mystérieuses, des romances chantées sous le balcon du manoir, des rochers *affreux* pour abriter de vertueux solitaires dévorés de remords, des fontaines murmurantes pour recevoir des flots de larmes. Il y avait aussi une consommation exorbitante de poignards, d'héroïnes enlevées et cachées dans des couvents introuvables, de lettres toujours surprises par des traîtres toujours apostés, de reconnaissances inattendues entre la fille et le père, le frère et la sœur, d'amis vertueux, méconnus et justifiés, de jalousies noires et de poisons terribles dont un vieux moine compatissant connaissait toujours l'antidote. La voix du sang jouait toujours un rôle providentiel et amenait des révélations infaillibles dans ces intrigues savantes, percées à jour dès les premières pages. Certes il y a de bons romans, que Frumence n'eût pas craint de mettre entre mes mains un peu plus tard; mais sans doute miss Agar les savait par cœur, et il fallait à son cerveau émoussé ces excitations vulgaires, comme il faut de grossiers condiments aux appétits blasés.

Cette mauvaise nourriture me fit l'effet du fruit vert, auquel tous les enfants sont portés de préférence. Je dévorai ces romans, tout en les jugeant défectueux de style et remplis de situations invraisemblables. Littérairement parlant, ils furent pour moi très-inoffensifs. Leur moralité était irréprochable; le seul mal qu'ils me firent fut de m'habituer à aimer les choses hors nature, et, dans le bien comme dans le mal, c'est là un penchant nuisible. Je rêvai des vertus sublimes d'une facilité extrême, des courages héroïques toujours avides d'action, toujours dédaigneux de prudence, des candeurs victorieuses de tous les périls, des désintéressements aveugles, et, pour conclure, je fis de moi-même en imagination l'héroïne la plus accomplie que mes auteurs eussent pu inventer. Ceci me ramenait aux instincts romanesques de mon enfance que les légendes miraculeuses de Denise avaient développés, que Jennie, plus sage et plus pure, avait su diriger sans les éteindre, et que la nonchalance de miss Agar laissait follement s'égarer.

Un autre mauvais effet de ces lectures fut de me dégoûter des choses sérieuses. Je ne fis donc aucun réel progrès intellectuel avec mon Anglaise, et, à l'âge où l'enfant devient une jeune fille, au lieu d'être fortifiée par des aliments solides, mon âme ne fut préservée du trouble que par l'ignorance.

C'est dans cette situation morale que Marius me retrouva, lorsqu'au bout d'un an d'absence il revint nous voir. Il avait été envoyé à Marseille après quelques légères escapades à Toulon, et désormais on était fort content de lui. Il avait beaucoup grandi, et je le trouvai enlaidi par un rudiment de favoris blonds dont il était très-fier, et dont pour rien au monde il n'eût fait le sacrifice. Il devenait un jeune homme par la barbe et presque un homme par la prévoyance ; mais c'était la prévoyance d'un égoïste qui compte sur les autres et ne sent pas le désir de travailler pour lui-même. Quand je l'interrogeai, il me répondit qu'il s'ennuyait tout autant à Marseille que chez nous, mais qu'il s'était résigné à mener une conduite exemplaire pour ne pas s'exposer à l'humiliation des semonces. Bien que M. de Malaval fût très-paternel avec lui, il le dédaignait comme un patron ridicule et pédant. Il ne traitait pas mieux ses nouvelles connaissances que les anciennes, et son esprit était plus que jamais porté au dénigrement.

On pense bien que Marius, avec ce ton dégagé, ne me tourna pas la tête. Dans les nombreux romans que j'avais déjà lus, aucun *Lorenzo* ne m'était apparu sous la figure froide et railleuse de mon cousin. Ils étaient tous ardents et enthousiastes, ces sensibles personnages ; ils mouraient d'amour pour leur belle, ils passaient dix ans à la chercher par terre et par mer lorsque de barbares destins les en avaient séparés. Ils vivaient de larmes, d'eau claire et de romances. Un tel amour eût flatté mon petit orgueil et allumé en moi la flamme des dévouements les plus chevaleresques. Marius, plus positif et plus indifférent que jamais, me fit l'effet de devoir rester éternellement le petit garçon frivole et taquin avec qui j'avais été élevée, et je me gardai bien de lui confier mes rêves de jeune fille.

Il ne me fut pas difficile de les lui cacher. Il s'occupa de son cheval beaucoup plus que de moi. Il fit des lazzi assez drôles sur les cheveux jaunâtres et les robes bariolées de miss Agar. Il fut convenable avec Jennie et oublia de demander des nouvelles de Frumence. Il rendit visite à madame Capeforte et se moqua d'elle amplement au retour; enfin il me quitta en me souhaitant de grandir, car je menaçais de n'être jamais rien de mieux qu'une nabote.

XXIV

L'abbé Costel devenait fort goutteux et ne pouvait plus venir nous dire la messe. Je ne voyais presque plus Frumence. Ma grand'mère, qui ne négligeait pas ses exercices de piété et qui tenait à la règle, décida que j'irais aux Pommets avec miss Agar et le domestique, qui mènerait en main le cheval de Marius, sur lequel ma gouvernante et moi monterions alternativement quand nous serions fatiguées. Miss Agar se soumit à cet arrangement sans rien dire; mais à peine fut-elle hissée sur le cheval, qu'elle le mit au galop et partit comme un trait pour revenir ensuite m'offrir de le monter à mon tour. Éblouie d'abord de l'intrépidité de mon Anglaise, je me sentis jalouse de son succès, et, dès que je fus en selle, je n'attendis pas que le domestique eût saisi la bride. Je jouai du talon, et Zani, qui prenait goût au galop, m'emporta à travers champs. J'eus grand'peur; mais l'amour-propre me donna de la présence d'esprit. Je ne contrariai pas ma monture par de fausses manœuvres, je ne l'effrayai pas par des cris. Je ne songeai qu'à me préserver de la honte d'une chute, ce qui me préserva de la notion du danger. Quand Zani eut assez couru, il s'arrêta pour brouter. Je le flattai, je me remis d'aplomb, je rajustai les rênes, et je réussis à le faire tourner et à revenir tranquillement vers mes compagnons.

Dès ce moment, je fus aussi intrépide à cheval que miss Agar. Je n'aurais souffert aucune supériorité de la part d'une personne aussi disgracieuse, et je ne voulus accepter d'autres conseils que ceux de Michel. Michel était le vieux domestique, un ancien dragon, passablement cavalier, et le meilleur homme du monde.

Il y avait longtemps, deux ans peut-être, que je

n'avais revu les Pommets. L'aspect mystérieux et désolé du village était toujours le même : l'église ne se relevait pas de ses ruines, l'abbé Costel devenait une ruine lui-même.

Après l'office, nous ne pûmes nous dispenser d'aller lui rendre visite chez lui. J'étais, d'ailleurs, impatiente de voir Frumence, qui n'avait pas encore paru. C'est le garde champêtre qui servait la messe en présence du maire et de maître Pachouquin, le cinquième habitant.

Frumence nous savait là pourtant; mais il avait voulu nous préparer une hospitalité moins aride que la première fois. Il avait gardé ses habitudes de propreté, et, ne pouvant vaincre l'horreur de l'ordre qui caractérisait son oncle, il avait voulu nous épargner le déplaisir de revoir la partie du presbytère habitée par M. Costel. Il demeurait bien toujours sous le même toit que son oncle; mais il s'était fait, d'une ancienne cuisine et du garde-manger attenant, un grand cabinet de travail et une petite chambre à coucher. Il avait reblanchi lui-même les murs noircis du local, il avait relevé le carrelage, il s'était fabriqué une grande table et deux siéges en bois rembourrés d'algue et couverts de pagne. Il avait planté et dirigé autour de ses portes et fenêtres des rosiers grimpants, des jasmins d'Espagne et des pieds de vigne. Le bas des murs extérieurs était garni de câpriers en fleur, et, soit dit en passant, ces fleurs-là sont des plus belles qui existent. Le jardin était cultivé, les arbres fruitiers étaient bien taillés, les jujubiers donnaient de l'ombre, les lentisques envahissants étaient refoulés en haie, et, dans un massif de plantes choisies, les scilles péruviennes et les ornithogales d'Arabie servaient de corbeille à un magnifique bouquet de cette mélianthe gigantesque qu'on appelle, à cause de la découpure de ses feuilles, pimprenelle d'Afrique.

— Vous voyez, mademoiselle Lucienne, me dit Frumence en nous faisant traverser son parterre, que je suis devenu jardinier à Bellombre. Toutes mes graines viennent de chez vous. Ceci est moins riche que votre enclos, mais la vue est presque aussi belle. Vous avez d'ici la mer aussi bleue, et le vieux fort abandonné qui est là sur le plus proche versant de la montagne ne fait pas trop mauvais effet.

Et, tandis qu'Agar ouvrait son portefeuille et se hâtait de croquer le fort, Frumence me conduisit à sa grande chambre de travail, où je trouvai les papiers et les livres amoncelés sur un bout de la table. L'autre bout était orné d'une grosse nappe blanche, et, sur des assiettes de terre du pays, d'un rouge étrusque, il y avait des œufs frais, de la crème de chèvre, du pain et des fruits très-proprement servis. La salle était appétissante aussi; pas de toiles d'araignée, pas de jeccos ni de scorpions courant sur les murs, comme autrefois j'en avais vu avec horreur chez le curé. Les antiques chenets étaient brillants, et le pavé était couvert d'une natte espagnole, présent d'un ami voyageur ou commerçant.

Frumence vit avec plaisir la surprise et la satisfaction que je ressentais de le trouver si confortablement logé après avoir craint le dégoût que m'inspirait autrefois son ermitage.

— N'est-ce pas Jennie, lui dis-je, qui vous a appris à arranger votre intérieur, comme notre jardinier vous a appris à arranger le jardin?

— Oui, c'est Jennie, répondit-il; c'est madame Jennie qui m'a instruit par son exemple. Elle m'a fait comprendre que les choses qui nous entourent doivent être l'emblème de notre bonne conscience et ne jamais choquer la vue. Quand même on vit seul au monde, il faut toujours être prêt à recevoir le voyageur ou l'ami que le ciel nous envoie. Aujourd'hui, c'est fête pour moi, mademoiselle Lucienne; j'aurais été bien heureux que madame Jennie pût vous accompagner, mais vous lui direz que vous ne vous êtes pas trouvée trop mal reçue dans ma thébaïde. Voulez-vous déjeuner, et dois-je dire à votre gouvernante que vous avez faim? J'ai là du thé pour elle. Je me suis rappelé que les Anglaises vivent de thé.

— Si vous avez du thé, répondis-je, c'est tout ce qu'elle appréciera chez vous. Laissez-la dessiner et déjeunons; car, depuis que je vois ce joli couvert, j'ai faim.

Frumence me remercia d'avoir faim chez lui, comme si je lui eusse fait le plus grand honneur du monde; il fut enchanté de me voir priser ses nèfles du Japon. C'était un produit de sa culture, et je n'en avais pas encore vu. C'est un joli fruit semblable à un abricot avec de petites châtaignes au centre. Je me rappelle ce détail et l'explication botanique de Frumence, qui, tantôt assis, tantôt debout, me donnait une leçon de science, tout en me servant avec les mêmes soins délicats et affectueux que Jennie aurait eus pour moi. Je fus touchée d'une réception si amicale et un peu flattée d'en être seule l'objet, car nous avions oublié miss Agar, et c'était la première fois de ma vie que j'étais traitée comme une dame en visite de campagne. Cela me donnait un aplomb extraordinaire, et je ne fus pas fâchée de faire savoir à mon hôte que j'avais conduit mon cheval sans l'aide de personne, que je l'avais fait galoper et que je n'avais pas eu très-peur.

Frumence m'écoutait et me regardait avec une admiration naïve. Personne n'était moins pédagogue que lui, et pour la première fois je me rendis bien compte de son humeur modeste et bienveillante. Il ne me demanda pas si je continuais à m'instruire un peu sérieusement et n'eut pas l'air de douter que miss Agar ne l'eût remplacé auprès de moi avec avantage. Il ne me parlait que de choses qu'il supposait me devoir être agréables. Il pensait que je devais aimer la musique et le dessin, et il m'estimait bien heureuse d'être à bonne école. Il avait eu par hasard des renseignements sur Marius, et il était enchanté d'avoir à me dire que Marius plaisait toujours à tout le monde par ses jolies manières et son charmant esprit.

Je me sentis portée à la confiance, et mon petit jugement, qui sortait de ses langes, me fit lui répondre que miss Agar ne m'apprenait rien, vu qu'elle ne savait rien.

— Quant à Marius, ajoutai-je, il ferait bien d'être un peu moins aimable et un peu plus aimant.

Frumence réprima un moment de surprise en m'entendant parler ainsi. Il était un peu embarrassé, ne sachant plus s'il avait devant lui une enfant ou une jeune personne. J'étais dans cet âge indécis où l'on n'est ni l'une ni l'autre, et il semblait très-craintif en même temps que très-sympathique. Il essaya de douter de l'incapacité d'Agar et de l'égoïsme de Marius. Je l'interrompis par un coup de tête qui était le résultat d'un besoin spontané d'abandon :

— Tenez, monsieur Frumence, lui dis-je, vous êtes trop bon, vous ; vous êtes comme Jennie qui arrange toujours tout pour le mieux, parce qu'elle voudrait m'empêcher de voir clair trop tôt dans ma vie, et à qui je crains de faire de la peine en lui racontant tout ce qui me contrarie ; mais je peux bien vous dire, à vous, que je ne suis plus heureuse comme je l'ai été.

Frumence fut saisi, sa figure s'attrista ; il prit ma main dans la sienne et ne dit rien, attendant et n'osant provoquer mes confidences.

Je me trouvais donc à la tête de confidences à faire à quelqu'un ! C'était une occasion de me manifester, de me résumer vis-à-vis de moi-même, de me connaître, d'entrer dans la vie comme une petite personne, et de cesser d'être une petite chose. Je ne puis expliquer autrement l'accès de sincérité hardie avec lequel je fis à Frumence, en termes assez vifs, le portrait et la critique de miss Agar et de Marius. Il m'écouta attentivement, tantôt souriant de mes moqueries et cachant mal son admiration pour le brillant esprit qu'il me supposait, l'excellent être ; tantôt plongeant son regard dans le mien avec une intelligence pénétrante et une tendre sollicitude. Quand j'eus dit tous mes ennuis et toutes mes impatiences :

— Chère mademoiselle Lucienne, reprit-il, vous avez bien tort de ne pas dire tout cela hardiment et franchement à votre Jennie, qui le soumettrait à l'examen de votre bonne maman.

— Ma bonne maman est bien vieille, Frumence ! Elle est toujours aussi bonne et aussi occupée de mon bonheur; mais elle est très-affaiblie, et la moindre inquiétude lui fait du mal. Jennie m'a tant recommandé de lui épargner les contrariétés, que maintenant je serais très-malheureuse sans oser le lui dire.

— Mais vous n'êtes pas *très-malheureuse,* n'est-ce pas? reprit Frumence avec un bon et caressant sourire.

— Je ne sais pas, répondis-je; peut-être que si !

Et, comme, en parlant de moi, j'en étais venue à m'intéresser à moi-même, il me vint deux larmes qui coulèrent sur les mains de Frumence.

Je ne l'aurais pas cru si sensible, ce grand garçon endurci à la peine et cuit par le soleil. Il eut comme un étouffement, et je le vis se détourner pour cacher son émotion. Alors, je redevins tout à fait la petite fille qu'il avait gâtée et qui s'était laissé gâter par lui. Je jetai mes bras autour de son cou, et je pleurai dans son sein sans bien savoir pourquoi ; car miss Agar ne me maltraitait en aucune façon, et l'ingratitude de Marius ne m'avait jamais empêchée de dormir.

Comment Frumence m'eût-il comprise ? je me comprenais si peu moi-même ! Il essaya de me deviner, et il devina que j'avais besoin d'exister et de penser ; mais il dépassa la réalité : il crut que j'avais déjà besoin d'aimer et que j'aimais Marius.

— Calmez-vous, ma chère enfant, me dit-il reprenant tout à coup son ancien ton paternel. Allez prendre l'air du côté de la source pendant que je m'occuperai un peu de votre gouvernante. Je ne voudrais pas qu'elle vous vît pleurer, elle s'inquiéterait sans y rien comprendre. Je vais la mettre aux prises avec son thé, et mon oncle lui fera compagnie pendant que j'irai vous rejoindre et causer avec vous de vos petits chagrins.

XXV

Bien que le mot de *petits chagrins* me blessât un peu, je descendis un étage de la montagne, je m'assis à l'ombre d'un rocher, dont les capillaires et les scolopendres pleuraient lentement sur ma tête les larmes parcimonieuses de la source. J'avais pris le goût d'être seule et de me sentir un peu poëte. Je me voyais enfin pour mon compte dans une circonstance tant soit peu romanesque ; un peu de mystère, un ami fidèle qui allait venir me trouver dans un lieu désert et pittoresque pour me donner des consolations et guérir par de sages paroles, dignes d'un ermite des anciens jours, une peine cruelle dont je ne savais pas précisément la cause et dont je ne m'apercevais guère une heure auparavant : c'était une *situation,* c'était un accident imprévu dans ma vie monotone, c'était enfin ma première aventure!

Je m'y laissai aller avec un véritable plaisir, me comparant à une des illustres infortunées de mes romans, et cherchant avec un peu d'étonnement et d'anxiété comment je pourrais obliger Frumence à ne plus croire mes chagrins si petits et si puérils.

Il vint me rejoindre au bout d'un quart d'heure, et, m'offrant son bras qui était bien encore un peu haut pour le mien, il me parla ainsi :

— J'ai réfléchi, tout en me rendant ici, à ce que vous m'avez dit. J'ai vu les drôles de dessins que fait miss Agar, et je l'ai entendue parler un instant avec mon oncle. De ce peu d'observations, je conclus pourtant que miss Agar est une bonne personne, assez nulle et un peu affectée. Ce ne seraient pas là des défauts suffisants pour qu'on se hâtât de l'éloigner de vous et pour que vous fussiez très-impatiente de vous débarrasser d'elle.

— C'est vrai, répondis-je, elle gagne sa vie chez nous, et je ne voudrais pas la faire renvoyer pour si peu.

— Vous avez toujours été très-bonne, vous l'êtes encore. Supportez donc les travers de cette demoiselle jusqu'à ce qu'on ait pu la remplacer avec avantage pour vous, sans préjudice pour elle. Vous en sentez-vous capable?

— Oui, répondis-je, flattée de pouvoir me montrer généreuse, je m'en sens capable.

— Moi, reprit Frumence, je vous promets de parler sérieusement de vous à madame Jennie. Si vous devez revenir dimanche prochain, tâchez de faire qu'elle vienne avec vous et que mademoiselle Agar reste au château. Nous aviserons au moyen de vous trouver une compagnie plus utile que celle de cette personne distraite. Dites-moi... je remarque que vous êtes ici depuis deux heures, vous d'un côté, elle de l'autre; a-t-elle coutume de s'inquiéter aussi peu de ce que vous devenez autour d'elle?

— Ne vous ai-je pas dit, Frumence, que c'est

moi qui la mène promener comme on mène une bique aux champs, et que, sans moi, elle se perdrait comme un mouchoir?

— Jennie ne sait donc pas cela?

— Non, Jennie ne le sait pas précisément. Quand je sors avec miss Agar, celle-ci prend de grands airs de bonne gardienne, elle me répète quinze fois de ne pas oublier mon voile et mes gants, tandis qu'elle-même oublie toutes ses affaires, excepté...

— Excepté quoi?

— Ses romans.

— Elle lit beaucoup de romans?

— Elle ne lit rien autre chose.

— Mais elle ne vous en fait pas lire?

— Non, répondis-je en rougissant, elle se cache de moi pour s'en repaître.

Frumence vit que j'avais rougi, et tout doucement il me confessa. Je ne savais pas mentir, je lui avouai que je lisais tous les romans de miss Agar en même temps qu'elle, et j'en fis connaître les titres au bon Frumence, qui eût pu me répondre : *Si j'en connais pas un, je veux être étranglé;* mais, comme il y avait assez de finesse sous sa candeur, il réussit à savoir que ces fictions avaient de l'attrait pour moi, et que, si je n'avais pas encore signalé à Jennie la négligence de ma gouvernante, c'était pour ne pas être privée de ces furtives et attachantes lectures.

M'en faire connaître le néant ou le danger eût été le premier mouvement de Frumence; mais, ne sachant encore s'il réussirait à me délivrer de miss Agar, il s'avisa d'un meilleur moyen.

— Je ne connais pas ces livres, me dit-il; par conséquent, je suis presque certain qu'ils ne renferment rien d'utile et d'instructif pour votre âge. Puisque vous aimez la lecture, ne pourriez-vous lire de bons ouvrages qui seraient amusants? Voulez-vous que je vous en procure?

— Oui; mais, si cela n'entre pas dans le plan d'éducation abrutissante d'Agar, elle me les ôtera. Elle tient à ses idées, quand par hasard il lui arrive d'en avoir.

— Eh bien, puisque vous lisez en cachette d'elle ses propres livres, pourquoi ne liriez-vous pas de même ceux que je vous propose?

L'idée était lumineuse, et je l'acceptai d'emblée.

— A dimanche donc, me dit Frumence. J'irai à Toulon dans la semaine, j'y chercherai des éditions portatives et vous les emporterez. Jenny sera dans votre confidence, et vous savez bien qu'elle ne vous trahira pas. — A présent, ajouta-t-il, parlons de M. Marius. Vous a-t-il fait quelque chagrin auquel on puisse essayer de porter remède?

— Non, répondis-je ; Marius est à présent très-gentil avec moi. Il n'est plus despote comme autrefois, et, pour ma part, je n'ai pas à me plaindre de lui.

— Eh bien, alors?

Je ne savais trop que répondre. Marius ne contribuait certainement pas alors à mon ennui habituel, et mes *fiançailles* avec lui ne me causaient certes aucune inquiétude. Ma réponse à Frumence fut embarrassée. Je prétendis — et, en disant cela, je me le persuadai — que j'aurais voulu trouver dans Marius un tendre frère, tandis que je ne trouvais en lui qu'un camarade indifférent.

— Manque-t-il de confiance en vous? dit Frumence.

— Non, je suis sa confidente parce que je me trouve là et qu'il faut bien parler de quelque chose ; mais il n'a rien à confier, il n'aime et ne hait personne, c'est un cœur de glace.

Je faisais des phrases pour le besoin d'en faire. Frumence y fut pris comme je m'y prenais moi-même. Je me cherchais un sujet de chagrin pour me grandir et reluire à mes propres yeux. Il crut à un chagrin réel et me donna sérieusement des consolations dont je n'avais réellement nul besoin.

— Il est vrai, me dit-il, que Marius est peu expansif et assez frivole ; mais il est si jeune, qu'on serait injuste de se prononcer sur son caractère. Il a des qualités auxquelles j'ai toujours rendu justice, et, si vous avez beaucoup d'affection pour lui, vous devez prendre à cœur de combattre ses défauts sans les lui reprocher trop ouvertement. Il est facile à blesser ; cela vient de la fausse position où il se trouve. Le voilà obligé de compter sur lui-même, lui qui croyait son sort assuré par le fait de sa naissance. C'est peut-être un malheur de se persuader qu'on est quelque chose en dehors de son être moral ; mais vous le changerez, vous lui ouvrirez les yeux, et peu à peu, dans quelques années peut-être, il aura, pour votre sollicitude et pour vos bons conseils, la reconnaissance que vous aurez méritée. Vous êtes très-sensible, mademoiselle Lucienne ; ne soyez pas susceptible, car un excès de sensibilité peut rendre injuste. A présent, remontons au presbytère, et vous retournerez embrasser Jennie et votre bonne maman. De ce côté-là, vous êtes bien heureuse, vous avez deux tendres mères ; songez à ceux qui n'en ont pas du tout !

Nous arrivions au presbytère, où miss Agar était en train de décrire le Vésuve, la mer de Glace et le pic du Midi à l'abbé Costel. Frumence m'aida à grimper sur Zani et me dit qu'il ne fallait ni galoper ni trotter à la descente. J'avais bien envie de lui désobéir, mais je le vis m'accompagner du re-

gard aussi longtemps qu'il put m'apercevoir, et
reparaître ensuite de roche en roche, comme pour
me surveiller. Je fus flattée de la sollicitude de
Frumence, et je le pris dès lors très au sérieux.

— J'ai un véritable ami, me disais-je, je ne suis
pas seule au monde.

Ingrate enfant que j'étais! je m'étais apparemment un peu blasée sur l'incomparable affection
de Jennie, ou je m'étais habituée à croire qu'elle
m'était due. Il me fallait du nouveau, et j'en faisais avec la vieille amitié oubliée de Frumence.

XXVI

Jennie hésita beaucoup à m'accompagner aux
Pommets le dimanche suivant, et je m'en étonnai.
Il me fallut lui dire que Frumence voulait lui parler de moi, et que tout n'allait pas dans ma vie
aussi bien qu'elle le pensait. Quand j'eus réussi à
l'inquiéter, je refusai de m'expliquer, disant que
cela regardait Frumence. Elle se décida, après
avoir fait promettre au docteur de venir déjeuner
avec ma grand'mère, et de lui tenir compagnie
jusqu'à ce que nous fussions rentrées.

Quand nous eûmes déjeuné nous-mêmes chez Frumence avec le curé, Frumence me fit signe d'aller au jardin avec son oncle, et il causa une demi-heure avec Jennie; après quoi, ils revinrent à moi, et le curé nous quitta. Jennie avait sa figure calme et décidée de tous les instants. Frumence était ému, et ses yeux brillaient extraordinairement. Il prit mes bras et les plaça autour du cou de Jennie en me disant :

— Aimez-la bien, car vous êtes tout pour elle.

— M. Frumence a raison, répliqua Jennie en m'embrassant. Vous passez et vous passerez toujours avant tout; mais que ne me disiez-vous, méchante enfant, que cette Anglaise vous était si désagréable?

— Je te l'ai dit, ma Jennie. Tu me répondais : « Vous vous y ferez. » Tu vois bien qu'il a fallu que Frumence s'en mêlât.

— Il m'a dit des choses que je ne savais pas. Allons, nous ferons ce qu'il dit. Vous patienterez; vous ne lirez plus les livres que vous ne connaissez pas, mais ceux qui sont là et que nous allons emporter. La bonne maman changera tout doucement la gouvernante, ça ne se fait pas du jour au lendemain; et, en attendant, vous vous gouvernerez un peu vous-même; vous l'avez promis. Vous ne vous casserez pas le cou à cheval, et puis...

— Et puis quoi, Jennie?

— Eh bien, au lieu de rêvasser toute la journée, vous ferez des extraits comme autrefois, vous vous donnerez une tâche, vous serez votre précepteur. Frumence croit que vous êtes capable de cette volonté-là. Moi, je ne sais pas; qu'est-ce que vous en dites?

— C'est-à-dire que Frumence juge mieux que toi de ma raison?

— C'est peut-être ça; mais Frumence dit que vous ne pouvez et ne devez lui rien promettre, parce qu'il n'est plus votre maître d'école, et qu'on pourrait lui reprocher de se mêler de ce qui ne le regarde pas. Vous ne devez promettre qu'à vous-même. C'est à vous de nous dire si vous vous connaissez et si vous vous estimez assez pour ça.

Je fus presque offensée des doutes de Jennie.

— Je peux tout me promettre à moi-même, répondis-je; mais je ne peux pas tout deviner, et il faut que Frumence s'intéresse assez à moi pour me parler raison de temps en temps et m'expliquer ce que je ne comprendrai pas. Il n'est plus question de maître et d'élève; mais je ne sais pas pourquoi Frumence ne serait pas mon ami, si je désire qu'il le soit, et n'accepterait pas ma confiance, puisque je la lui donne.

J'entraînais Frumence sans m'en douter, sans

qu'il s'en doutât lui-même, dans un rouage de mon existence, et, pour expliquer l'alternative où il se trouvait entre son moi et le mien, je dois dire ici ce qui se passait en lui.

Frumence, à force de lire les anciens et de vivre loin des modernes, était un vrai stoïcien. Il manquait à cet excellent esprit la notion du monde d'action et de relation où il n'avait pas trouvé sa place. Frumence, j'étais bien loin de m'en douter, ne croyait pas à une autre vie, et Dieu lui apparaissait comme une grande loi existant par elle-même et pour elle-même, créant et broyant, sans amour et sans haine, les choses et les êtres soumis à son activité dévorante. Puisque tout passe si vite et sans retour, s'était-il dit, à quoi bon s'agiter dans ce peu de liberté et d'initiative accordé à l'homme? Que chacun obéisse à son impulsion et goûte la petite part de satisfaction qui lui est échue! Puis il s'était examiné naïvement lui-même, et il avait reconnu que ce système d'égoïsme était assujetti à des instincts de dévouement qu'il lui serait difficile de combattre ; il s'était donc promis de ne pas les combattre du tout. Il aimait avant tout son père adoptif, et il était résolu à vivre entièrement pour lui, à travailler pour lui lucrativement, s'il lui fallait du bien-être; misérablement, s'il ne lui fallait que le nécessaire.

L'abbé avait choisi. La société de Frumence était tout pour lui. Frumence avait rompu avec toute pensée d'avenir tant que vivrait son ami, et ce qu'il voyait au delà, c'était une consécration du même genre à un autre être, celui qu'il en jugerait digne.

Son existence ainsi simplifiée, il était parfaitement calme et se livrait à l'étude joyeusement. Le traitement du curé fournissait le pain quotidien. Dans ce pays et à cette époque, on vivait avec quelques sous par jour. Six heures de travail manuel chez Pachouquin procuraient quelques autres sous qui suffisaient à l'entretien du vêtement. La cure s'écroulait bien un peu, Frumence faisait du mortier, cassait des pierres et réparait lui-même. L'oncle avait une bibliothèque, et, quant aux livres nouveaux, on avait à Toulon quelques amis qui en prêtaient assez pour que l'on pût se mettre au courant des publications intéressantes. On n'y tenait d'ailleurs pas essentiellement, au presbytère des Pommets! On aimait tant les anciens, qu'on n'admettait guère l'idée du progrès. On était persuadé que l'esprit de l'homme repasse toujours par les mêmes phases, et, comme cela est vrai jusqu'à un certain point, on croyait plus à la roue qui tourne sur elle-même qu'à la roue qui avance en tournant : cette vérité qui se répand aujourd'hui, était encore très-discutée il y a dix ans [1]; et elle n'avait pas pénétré au fond de nos montagnes; Frumence n'était donc pas très-excentrique en taillant encore sa vie sur le patron d'Épictète ou de Socrate.

Satisfait de ce parti pris, qui ressemblait à de l'apathie sans en être, on a vu qu'il avait beaucoup hésité à se charger de mon éducation et de celle de mon cousin. La circonstance exceptionnelle qui lui avait permis d'être à la fois chez nous et chez lui l'avait décidé à faire ce qu'il appelait sa fortune, c'est-à-dire à gagner six cents francs par an durant trois ans et demi; avec ce trésor, qu'il avait placé dans une vieille boîte à sel suspendue à la tête du lit de son oncle, auprès de l'effigie de Jésus *le stoïcien,* Frumence ne s'inquiétait plus de rien dans l'univers. Son oncle pouvait être malade ou infirme, il y avait là de quoi le soigner. Il n'en avait distrait que le strict nécessaire pour se vêtir en paysan, ou peu s'en faut, et se conserver propre.

Il était donc heureux, sauf une peine secrète qu'il savait combattre et cacher, son attachement pour Jennie, pour moi et pour ma grand'mère, et même pour Marius. Il n'avait pu vivre avec nous sans s'attacher à nous, et il se reprochait cette

1. Il ne faut pas oublier que Lucienne écrit en 1828.

faiblesse, qui l'attirait dans une complication de dévouements mal définis. Frumence ne croyait qu'à ce qu'il pouvait définir. Il doutait de lui devant l'incertain et s'effrayait presque devant l'inconnu; c'était là sa vertu et son défaut. Il aimait trop les gens à force de se défendre de les aimer, et il était homme, après avoir dit cent fois : « Je n'y pourrai rien, » à se jeter pour eux dans tous les périls, sans raisonner davantage et sans regarder derrière lui.

A l'appel de mon amitié, la sienne se livra sans autre résistance.

— Vous savez bien, me dit-il ingénument, que je vous aime de tout mon cœur et que je serai à vos ordres; mais c'est à une condition, c'est que votre grand'mère n'enverra plus de cadeaux ici. Nous aurions pu nous faire une cave avec toutes les bouteilles de vin vieux et une confiserie avec toutes les friandises que cette bonne dame nous fait passer; mon oncle en a encore pour longtemps, et, moi, je ne fais aucun cas de ces douceurs-là; et puis cela ressemblerait à un payement, et, vous l'avez dit, ma chère Lucienne, il n'y a plus de maître ni d'élève; il y a deux amis qui causeront ensemble quand il vous plaira... c'est-à-dire quand ce sera nécessaire.

Je sus bien rendre la chose nécessaire, je m'emparai de l'amitié, de l'intérêt et de l'attention de Frumence avec une parfaite innocence d'intentions, et sans me douter que mes vaines et vides confidences pussent troubler sa tranquillité d'esprit et la régularité de ses habitudes. Je voulus être son enfant gâté comme j'étais celui de Jennie; mais en même temps je voulais être une amie sérieuse et une personne intéressante. Jennie était une mère, je m'arrangeais pour que Frumence fût un frère.

Je fus très-égoïste, ce qui ne m'empêcha pas de m'attacher beaucoup à lui. Je le voyais tous les dimanches. Tous les dimanches, je déjeunais frugalement sur le bout de sa grande table avec Jennie ou Agar, qui m'accompagnaient tour à tour, et, chose étrange, honteuse à dire, j'aimais mieux être conduite par Agar, qui me laissait causer tête à tête avec *mon ami,* que par Jennie, dont le jugement droit et le bon sens rigide me gênaient un peu pour lui dire tout ce qui me passait par la tête. J'étais curieuse de comprendre la vie étrangement stoïque de mon solitaire; je n'y avais jamais songé autrefois. Je me demandais maintenant comment on vit tout seul sans effroi et sans ennui, et, quand Frumence me disait qu'il vivait ainsi volontairement et sans regret, il devenait pour moi un personnage important et mystérieux avec qui j'étais fière de traiter d'égal à égal.

Je lus les bons livres qu'il me prêtait. J'eus de la peine à passer des Lorenzo et des Ramire aux hommes de Plutarque; mais, croyant me grandir en faisant connaissance avec eux, je tins bon et j'élevai insensiblement mon niveau en voyant s'agrandir l'horizon. Frumence fut surpris de me trouver en peu de temps convertie au vrai beau. Malheureusement, les livres qu'il s'était flatté de me procurer manquèrent bientôt. Il reconnut qu'il n'y avait presque rien à donner à lire à une jeune fille que l'on voulait garder parfaitement candide en l'éclairant, et qu'il faudrait des abrégés expurgés de tous les textes. Pourtant, les bonnes lectures sont l'unique défense de la jeune fille contre les vaines imaginations qui la sollicitent. Frumence se vit entraîné à me faire des extraits qui prirent ses soirées plusieurs fois par semaine. Il s'y résigna d'abord et s'y complut ensuite, car je répondais à son zèle par de véritables progrès, et il était un peu fier de moi. Je trouvais un attrait singulier à cette éducation, qui était un secret entre nous et Jennie. Ma grand'mère comprenait enfin que miss Agar ne m'apprenait ni dessin ni musique, et qu'elle était devenue parfaitement inutile. Elle l'avait prévenue d'avoir à chercher une autre famille, et, un beau jour, miss Agar partit pour

Naples, enchantée de revoir le Vésuve et nullement désolée de quitter notre vilain pays. Son départ fit si peu de vide chez nous, qu'on s'en aperçut à peine ; mais j'éprouvai une certaine inquiétude quand Jennie me déclara qu'il lui devenait presque impossible de quitter ma bonne maman, qu'on n'avait pas encore trouvé de gouvernante, et que je ne pourrais plus aller à la messe le dimanche. Je ne tenais pas à la messe. Denise m'avait éloignée de la dévotion pour toujours. J'étais chrétienne, et Frumence faisait bien de me cacher son athéisme, j'en eusse été fort scandalisée; mais je ne me serais pas crue damnée pour manquer aux offices, et je sentais qu'il fallait y manquer plutôt que de négliger le soin de ma grand'mère.

Mais renoncer à mes entretiens du dimanche avec mon savant *ami,* c'était un chagrin véritable, et je me pris à regretter miss Agar.

Il me fallait pourtant de l'exercice, et, dès que Jennie me vit un peu pâle, elle s'alarma et décida que je monterais à cheval pour manéger Zani dans la prairie, sous les yeux de Michel. Il y avait un autre cheval pour Michel, et il le monta pour mieux diriger mes leçons d'équitation. La prairie m'ennuya vite, et il me fut permis de galoper un peu avec mon écuyer sur le chemin du Revest, et puis plus loin, et puis un peu partout; et enfin, comme je n'avais plus de prétexte pour me dispenser de la messe, et que ma bonne maman y tenait toujours, je repris le sentier des Pommets et les entretiens du dimanche.

Tout allait bien, je ne m'ennuyais plus, la solitude ne m'était plus dangereuse, je prenais le goût de l'indépendance et de l'activité sans chercher trop avidement le but de ma vie et l'emploi de mes forces. Frumence formait mon esprit et dirigeait mes pensées avec beaucoup d'intelligence et de délicatesse. Il n'était pas resté longtemps sans s'apercevoir que j'avais un peu *posé* devant lui, que je n'étais pas si troublée et si intéressante qu'il l'avait cru d'abord. Il me trouvait facile à guérir, et, son optimisme aidant, il me rêvait un avenir de raison et de bonheur. J'entrais dans ma dix-huitième année, et il n'y avait pas encore eu de tempête dans mon cerveau. Un incident fortuit souleva l'ouragan, et par la main même du sage Frumence.

XXVII

J'ai trop d'instincts religieux, et l'on m'a enseigné trop de philosophie rationnelle pour que je croie à une aveugle fatalité. Celle qui semble présider parfois aux destinées humaines est l'œuvre de notre imagination; car nous nous précipitons nous-mêmes dans les chimériques dangers qu'elle nous crée.

L'imperceptible événement que je vais raconter devait, par la faute de mon orgueil, avoir des suites funestes. Cet orgueil ne fut pas seulement le trouble et le tourment de ma jeunesse, il faillit coûter la vie à la personne que j'aimais le mieux par un contre-coup tardif, mais profond et lentement creusé. Aujourd'hui même, la confession que je m'impose peut mettre un invincible obstacle à la confiance que mon caractère prétendait inspirer. N'importe, je dirai tout avec la dernière rigueur.

Dans un des cahiers d'extraits sérieux que Frumence faisait pour moi, je trouvai, un dimanche soir, un feuillet d'un autre format que le cahier et d'une écriture plus serrée, plus rapide et moins lisible. C'était pourtant bien l'écriture de Frumence; mais c'était une note rédigée pour lui-même, pour lui seul probablement, et qui s'était glissée là par mégarde. Voici cette note :

« On est convenu de dire et de croire aujourd'hui que les anciens n'ont pas connu l'amour. Ce serait, à ce que l'on prétend, un sentiment nouveau sorti du raffinement progressif des idées et de l'idéal chrétien. Il faudrait savoir ce que l'on entend par l'amour dans le siècle où nous vivons.

« Ne vivant pas dans le monde, je ne peux le chercher que dans la littérature, qui est toujours l'expression des sentiments ou des instincts d'une époque; mais la jeune littérature me fait l'effet d'être plus affectée que sincère. J'y trouve un accent d'exagération qui veut peindre un état de fièvre : poëmes et romans sont conçus sous l'empire d'un besoin purement littéraire d'exprimer des agitations passionnées ou des désenchantements amers. Au fond de tout cela, il me semble trouver le cœur de l'homme aussi naïvement et aussi brutalement égoïste qu'à l'aurore de la civilisation. Me trompé-je ? »

Jusque-là, la note de Frumence ne m'intéressait pas beaucoup. Je continuai pourtant, croyant encore que cet essai de critique avait pu être rédigé pour moi.

« Dans le doute, abstiens-toi, dit la sagesse. Je puis bien m'abstenir de juger les littérateurs de mon temps, et je ne tiens pas essentiellement à connaître les hommes qui passent actuellement sur le chemin où passèrent leurs devanciers... Mais d'où vient ce besoin de s'interroger soi-même et de se demander si les ancêtres de la pensée ont aimé, souffert et aspiré au bien suprême comme... dirai-je comme moi? Que sais-je de moi? que sais-je d'un bien suprême autre que le principe de la justice dans le cœur du juste? Il y a pourtant une voix qui crie dans le désert : *Amour, amitié, ô hyménée!*

« Oui, voilà les trois notes que j'entends dans le vent du soir et dans la plainte du torrent. Voix mystérieuse d'une ineffable poésie... Et pourtant, Frumence, tu n'es pas poëte! tu ne crois pas en Dieu, toi!

« Qu'es-tu donc? un enfant viril, un rêveur exalté, ou tout bonnement un garçon sans femme?

« Qui te ferait penser que tu es un amant sans maîtresse? Un amant, toi qui acceptes le jugement sans appel de la raison? as-tu le droit d'aimer, toi qui ne *veux* pas imposer l'amour? Un amant!... c'est-à-dire un homme qui aime! mais l'amour n'existe que par la réciprocité qui le sanctifie. Jusque-là, c'est l'attente, c'est l'aspiration, c'est l'instinct, rien de plus.

« *Elle* serait profanée, ce me semble, par une sollicitation égoïste. Je ne dois donc pas dire, je ne dois pas penser, je ne dois pas croire que je l'aime.

« Mais je peux penser à elle comme je pense à la nature, à ce qu'il y a de beau, de simple et de grand sous le ciel. Elle existe, elle est ce qu'elle est, et je la vois des yeux de mon âme comme un bien suprême qui m'apparaît dans tout et qui n'appartient à personne. Je... »

Ici finissait la page, et le reste manquait. Je relus bien des fois cette mystérieuse divagation ; je ne comprenais pas. Tantôt je croyais pouvoir tout expliquer, tantôt je n'expliquais plus rien. Comment pénétrer cette distinction subtile entre l'instinct qui profane et la réciprocité qui sanctifie ? C'était un grimoire, et Frumence était fou ; ou bien c'était une haute définition de la métaphysique de l'amour, et cela dépassait mes notions. Je voyais bien que ce n'était pas écrit pour moi, que ce n'était écrit pour personne, et qu'il y avait là le secret d'une âme troublée par un sentiment combattu ou par un problème quelconque. Frumence était-il amoureux ou poëte ? Il prétendait n'être ni l'un ni l'autre. Il y avait pourtant un éclair de poésie dans sa rêverie, et, à côté d'une sorte d'aspiration enthousiaste, une raillerie de lui-même; et puis un idéal, une adoration muette de quelqu'un, un élan de passion, une austérité de renoncement. Je m'endormis au milieu de mes commentaires, avec la page mystérieuse pliée et cachée sous mon oreiller.

XXVIII

Je rêvai de Frumence. Je le vis dans des habits de prince oriental, traverser un jardin enchanté. Une fée l'avait métamorphosé et le conduisait vers un temple resplendissant où l'attendait une fiancée couverte d'un grand voile. Pourquoi Frumence le paysan était-il devenu si magnifique? Et quelle était la fiancée? Quelqu'un me dit : « C'est toi. » Je me mis à rire, le temple disparut, et je vis Frumence en guenilles servant la messe à l'abbé Costel.

Je me levais de bonne heure, et, en attendant mon déjeuner, je prenais le frais sur la terrasse. Ce jour-là, je descendis à la Salle verte pour n'être pas vue relisant la mystérieuse page. Était-ce sé-

rieusement que Frumence prétendait nier Dieu?
Qui était-ce, *elle?* Voilà où aboutissaient toutes
mes conjectures. Était-ce le bien suprême des philosophes, la sagesse? L'amante des métaphysiciens,
la lumière intellectuelle? Y avait-il sous ces mots
de femme, d'amant, d'hyménée, une allégorie platonicienne? Je me promis de le demander à Frumence.

Mais je n'osai persister dans cette intention.
Non, ce n'était pas une allégorie. Frumence aimait.
Elle était une femme; quelle femme? où? comment? Ma curiosité devint une idée fixe, une obsession. J'étudiais ce grimoire et j'oubliais toute
autre étude. Il y avait des moments où cette recherche me paraissait sublime et la rédaction de
Frumence un chef-d'œuvre. Un instant après, c'était une rêverie sans but dont Marius se fût moqué.

C'était, dans tous les cas, une porte ouverte sur
un monde bien supérieur à celui des romans de
miss Agar, un amour contemplatif et pour ainsi
dire impersonnel.

— Si je l'osais, pensai-je, je demanderais à Frumence de m'enseigner la science morale de l'amour,
car c'est une science, je le vois bien, et peut-être
la plus belle de toutes. Il me semble que je la
comprendrais, quelque abstraite qu'elle pût être.

Mais la honte me retenait, et j'aurais pu chercher la définition de cette honte aussi ingénument que Frumence cherchait celle du désir. Il me venait aussi une défiance devant son impiété.

Pendant toute la semaine, j'aspirai au moment où je pourrais causer avec lui et l'amener adroitement à traiter ce grave sujet avec moi. Et puis tout à coup, le dimanche venu, comme je traversais la vallée avec Michel, j'eus un éblouissement, le cœur me battit très-fort; je ne sais quelle voix fantastique me dit à l'oreille comme dans mon rêve : « *Elle*, c'est *toi*. » Je fus indignée. Je tournai bride en disant à Michel :

— Nous n'irons pas à la messe aujourd'hui.
— Est-ce que mademoiselle se sent malade?
— Oui, Michel, un grand mal de tête.

Je rentrai. Jenny s'inquiéta, me fit boire du tilleul et me supplia de me jeter sur mon lit une heure ou deux. Je le lui promis afin qu'elle me laissât seule. Je relus la maudite page, et cette fois je crus devoir m'étonner de ne l'avoir pas encore comprise. *Elle*, c'était bien moi. J'étais la divinité, le bien suprême; la raison n'admettait pas un hyménée impossible, mais j'étais adorée en silence. J'apparaissais dans la nuée, je parlais dans la cascade; on ne me le dirait jamais : qu'allais-je faire à présent que je l'avais deviné?

Je n'aimais pas Frumence, je ne pouvais pas

l'aimer, non à cause de sa pauvreté et de sa naissance, j'étais trop héroïne de roman et trop philosophe de l'antiquité pour m'arrêter à ces misères, mais, parce que, moi aussi, j'étais une âme stoïque, planant au-dessus des choses humaines, Frumence l'avait bien compris. J'étais l'idéal insaisissable ! Répondre à un amour terrestre, moi, le bien suprême ? Allons donc ! Je ne pouvais descendre du piédestal où je me trouvais perchée et où je faisais si bonne figure. Je décrétai donc que je n'aimerais pas, que Frumence m'avait bien jugée, que j'étais trop supérieure à l'amour pour jamais le connaître, enfin que, l'amitié fraternelle étant seule digne de moi, je devais plaindre Frumence et m'efforcer de le guérir d'un trouble funeste, le ramener à la foi, et par là le sauver du désespoir sans cesser d'être l'objet de son admiration.

En conséquence, je me mis en route, le dimanche suivant, avec un calme rempli de mansuétude. Je maintins mon cheval au pas; ses vives allures eussent dérangé ma gravité. Je devais apparaître digne et souriante à mon malheureux ami. L'occupation où je le surpris n'était pas précisément celle d'un martyr de l'amour. Il était debout, traçant avec de la craie sur le mur extérieur de la sacristie les figures d'un problème de mathématiques. De son autre main, il tenait, sans en avoir conscience, une burette d'étain qu'il venait de remplir de vin au presbytère, et il attendait que l'abbé eût passé son surplis jauni et sa chasuble poudreuse pour officier; car, ce jour-là, le garde champêtre était malade, et Frumence allait servir la messe.

— Vous voilà? me dit-il sans se déranger. Ah! aujourd'hui, mademoiselle Lucienne, il faudra patienter un peu pour votre collation : je suis sacristain.

— Et pourquoi êtes-vous sacristain, si vous ne croyez pas en Dieu?

Cette question brusque le surprit beaucoup. Il ne s'était pas aperçu du feuillet manquant dans ses papiers; il ne donnait pas de suite à ces sortes d'élucubrations et il ne les relisait peut-être jamais, et, comme jamais il n'avait parlé religion avec moi ni devant moi, il ne se rendait pas compte de ma découverte.

— Qui vous a dit que je ne croyais pas en Dieu? me demanda-t-il comme un homme qui cherche à rassembler ses souvenirs. Je n'ai jamais soulevé aucune hypothèse à ce sujet avec vous.

— Personne ne m'a rien dit, lui répliquai-je : c'est une idée qui me vient en vous voyant si peu occupé de la consécration de ce vin que vous répandez par terre sans y prendre garde, tandis que vous faites là des chiffres qui n'ont aucun rapport...

— C'est vrai, répondit-il en souriant et en regardant la burette à peu près vide; j'ai tout répandu, et M. Costel n'aurait plus rien à consacrer. Je retourne à la cure. Allez à votre banc, mademoiselle Lucienne, je n'aurai plus de distraction qui retarderait la messe.

Je le regardai servant la messe, et, pour la première fois, j'observai attentivement sa figure et son maintien. Frumence était grave et consciencieux dans tout ce qu'il faisait. Il savait sa messe sur le bout du doigt et la servait avec une précision mathématique. Il était à genoux, il se levait, il se réagenouillait comme un bon soldat qui fait machinalement et sérieusement l'exercice. Il n'y avait sur son visage aucune expression de moquerie et aucune affectation de croyance. La même tranquillité décente se lisait sur la figure et dans les manières de l'abbé. Il n'y avait en eux rien qui pût scandaliser personne.

Quand le moment du tête-à-tête accoutumé fut venu, Frumence prévint mon désir en me renouvelant sa question :

— Quelqu'un vous a donc dit que j'étais un impie ?

— Je vous ai dit que non, si ce n'est autrefois Denise et madame Capeforte, qui blâmaient votre oncle et vous de dire la messe sans y croire. J'avais oublié tout cela ;... mais...

— Mais vous y avez pensé, vous vous l'êtes rappelé aujourd'hui?

— Eh bien, oui. Je vous ai dit ce qui me passait par la tête. Vous ai-je fâché, monsieur Frumence?

— Pas le moins du monde. Et moi, vous ai-je jamais blessée par mon maintien à l'église?

— Non; mais...

— Mais quoi?

— Je me demande pourquoi vous faites une chose à laquelle vous ne croyez pas.

— Supposons que...

— Je ne veux pas supposer. Je veux que vous me disiez si vous croyez en Dieu et si vous méprisez son culte.

— Je crois que tout culte a du bon, que toute croyance a du vrai, et je ne méprise aucune forme de religion dans le présent comme dans le passé.

— C'est-à-dire que vous ne croyez à rien?

— Vous tenez donc absolument à le savoir, mademoiselle Lucienne? Qu'est-ce que cela peut vous faire?

— Mais... je m'intéresse à vous, monsieur Frumence. Je vous estime, je crois que l'abbé est un homme respectable, et l'idée d'un sacrilége...

— Un homme qui ne croirait pas au miracle

eucharistique pourrait-il empêcher, selon vous, le miracle de s'accomplir, et sa messe serait-elle nulle ? C'est M. Costel qui vous a fait faire votre première communion, et vos pâques ensuite. L'instruction religieuse qu'il vous a donnée était-elle conforme au catéchisme qu'on lui prescrivait de vous enseigner? et le sacrement qu'il vous a administré peut-il être pour vous non avenu ?

— Certainement non, et l'Église nous permet de croire bon tout acte religieux régulièrement accompli. Pourtant, si l'évêque croyait M. Costel athée, il l'interdirait tout de suite.

— Aurait-il raison ?

— Oui, s'il craignait que le pasteur n'enseignât l'athéisme à ses ouailles.

— Mais, s'il était avéré et constaté qu'il ne le fait pas, et que son enseignement est conforme au programme exigé ?...

— Alors, l'évêque n'aurait rien à dire, j'en conviens, et ce serait à Dieu seul de juger la conscience du prêtre en désaccord avec sa fonction.

— J'aime à vous entendre raisonner serré, ma chère Lucienne, et je vais vous répondre; mais nous écarterons M. Costel de la question. M. Costel croit en Dieu et à l'Évangile, voilà ce que je puis vous affirmer. Il aime le christianisme plus qu'aucune autre religion, bien qu'il soit tolérant envers toute liberté de conscience. Il ne se cache pas d'être ainsi; vous l'avez entendu causer, vous l'avez vu agir, et je crois même que vos croyances sont un reflet assez fidèle des siennes.

— C'est vrai, Frumence. Il m'est impossible de damner personne, et je dois dire que M. Costel ne m'a ni prescrit ni défendu de le faire. Je crois qu'il a des doutes sur bien des choses, mais je ne sais véritablement pas lesquelles.

— Et vous voulez lire, vous enfant, dans la conscience austère d'un vieillard qui a passé sa vie à peser le pour et le contre!

— Non, certes, répondis-je, intimidée du ton sévère de Frumence. Il ne s'agit pas de l'abbé Costel, que je respecte sans arrière-pensée, du moment qu'il est vraiment chrétien. Il s'agit...

— Il s'agit de moi qui ne le suis pas?

— Eh bien, oui, répondis-je avec quelque vivacité, car je me trouvais offensée par sa réserve un peu dédaigneuse. Vous m'avez appris à raisonner, je raisonne, et vous avez promis de me répondre.

— Je ne vous ai nullement promis de vous dire mes opinions personnelles, reprit-il avec un peu de vivacité aussi, et je vous trouve trop curieuse à cet égard-là. Il s'agissait de savoir si un homme que vous supposez athée et qui peut l'être fait une bassesse ou une profanation en se prêtant à l'exercice d'un culte quelconque. Eh bien, je vous réponds : c'est selon. Il y a un doute absolu qui confère à la conscience d'un homme le droit de participer à tout acte officiel de la loi civile et religieuse de son temps et de son pays, sans la mépriser et sans l'outrager en aucune sorte. Les études et les réflexions d'un homme sérieux peuvent, il est vrai, l'amener à cette conclusion, que toute religion est un mensonge et tout culte une hypocrisie : en ce cas, il ne doit jamais entrer dans aucun temple pour y faire acte de soumission à l'usage; mais un autre homme également sérieux peut avoir tiré de ses réflexions et de ses études une persuasion contraire. Il peut s'être dit que l'idéalisme était un besoin naturel à l'esprit humain, et que tout ce qui élevait en lui la notion du bien et du beau devait être respecté, à la condition de ne pas s'imposer par la force ou la ruse. Eh bien, en me voyant aider mon oncle à remplir une fonction qu'il juge bonne, vous eussiez dû vous dire que j'étais l'homme qui tolère tout et ne répudie rien. *Homo sum...* Et puisque vous avez appris un peu de latin, vous savez le reste.

— Vous voulez alors que je vous accepte ainsi, vous à qui je demande l'instruction?

— Je veux que vous me teniez pour un honnête homme et une conscience droite, sauf à ne plus rien demander si vous trouvez que mes lumières ne vous suffisent plus, et que je ne peux pas développer en vous un idéal conforme à vos tendances. Chacun a les siennes, ma chère enfant, et la sagesse consiste à les connaître, comme l'éducation doit consister dans le soin de ne pas les contrarier.

— Si elles sont mauvaises pourtant?

— Il n'y en aurait pas de mauvaises, si elles avaient leur libre essor dans une société bien réglée. Je sais qu'on peut abuser de la liberté : c'est le danger inévitable de tout ce qui est bon en soi ; mais l'intolérance, escortée du despotisme qui en est l'application, étant le pire des maux, il faut choisir le moindre. Donc, soyez très-pieuse, si bon vous semble; mais n'exigez pas de moi que je sois pieux. Quand on est libre de ne plus se consulter l'un l'autre, il est si simple de ne pas chercher à discuter!

Frumence me donnait là une leçon de sagesse que j'eusse peut-être acceptée avec reconnaissance quinze jours auparavant; mais le moyen de concilier l'indépendance de ses idées avec le culte que je lui attribuais pour moi! Je regardai sa déclaration comme une révolte, et je l'attribuai à sa fierté blessée par mes soupçons. Je le pris donc d'un peu haut avec lui, tout en m'efforçant d'adoucir l'amertume que je lui attribuais. Je ne sais plus en quels termes je lui accordai la continuation de ma confiance, mais je persistai à croire que je devais l'arracher à l'athéisme.

— Ne fût-ce que pour votre bonheur, ajoutai-je, ce doute absolu où vous vous complaisez, je le vois bien, me paraît effrayant.

— Vraiment? me dit-il avec un sourire caressant qui était l'expression la plus marquée de sa physionomie, habituellement pensive. Vous vous inquiétez de mon bonheur en ce monde et en l'autre?

— Ne parlons que de celui-ci, puisque c'est le seul auquel vous croyez. Si une peine amère, une douleur secrète s'emparaient de vous, quel serait votre refuge?

— L'amitié de mon semblable, répondit-il sans hésiter. Lui seul pourrait compatir à mes faiblesses et m'aider dans mes angoisses. Dieu, s'il m'était permis de l'interroger, et s'il daignait me répondre, me dirait : « Ta peine est une loi de ton existence. Cherche ton appui dans ceux qui subissent la même loi, et cherche-le en toi-même, si tes semblables n'y peuvent rien. »

Il me sembla que Frumence entrait enfin dans la question, et que je commençais à lire dans sa pensée.

— Je le vois bien, lui dis-je, vous êtes très-fort

et plus orgueilleux que sensible. Vous souffrez beaucoup, et il vous plaît de souffrir seul, sans avoir recours à une providence visible ou invisible.

— La providence invisible, répondit-il, elle est au dedans de moi comme dans le cœur de mes amis. Elle s'appelle volonté du bien. Dès que je ne suis pas un être faussé par les illusions, je sens en moi et chez ceux qui me ressemblent cette force réelle, et c'est à moi de l'employer de mon mieux.

— Ainsi, vous combattrez tout seul, ou grâce aux conseils de votre oncle, le mal qui vous ronge?

— Mais aucun mal ne me ronge ! s'écria Frumence en riant à bouche ouverte de mes expressions recherchées. Je n'ai ni peine secrète ni amère douleur à combattre. Il n'y a pas de ces souffrances-là pour un philosophe de mon espèce.

— De quelle espèce est donc votre philosophie? repris-je très-désappointée.

— C'est celle d'un homme qui la montre peu et qui s'en sert beaucoup, répondit-il avec une modeste animation. Je ne suis pas professeur de philosophie, moi. Je ne fais pas de cours, je n'écris pas de livres. J'aime la raison pour elle-même, et je m'en nourris comme de l'aliment le plus sain. Il est dans tout, cet aliment à mon usage, il mûrit sur tous les arbres. Avec un peu de savoir bien humble, on apprend à cueillir le meilleur, et dès lors les désespoirs romanesques, les prétendues tortures de l'âme vous font l'effet d'appétits dépravés ou de digestions laborieuses.

Frumence parlait avec tant de conviction, que je crus devoir lui tout dire pour me débarrasser d'un grand trouble. Je lui présentai la fameuse page en lui demandant avec un peu de malice si c'était la traduction de quelque texte d'un livre nouveau.

— Ce doit être une traduction ou un extrait, dit-il en parcourant l'écrit des yeux.

Mais il rougit tout à coup en voyant qu'il s'était nommé à ce passage : *Et pourtant tu n'es pas poëte, Frumence, tu ne crois pas en Dieu, toi!*

— Voilà donc, reprit-il en surmontant un embarras mêlé de contrariété, ce qui vous a scandalisée? Eh bien, n'en parlons plus, n'en parlons jamais. C'est un tort d'écrire pour soi ce qu'on ne voudrait lire à personne. Ceci ne se renouvellera pas.

Il jeta sa page dans le fond de la cheminée après l'avoir roulée en boule dans ses mains, et, reprenant sa tranquillité, il voulut me parler d'histoire ancienne; mais j'étais décidée à le confesser. Je cédais à une curiosité ardente, je dirais presque coupable, si j'avais eu conscience de ce que je faisais.

— Il ne s'agit pas des Grecs et des Romains, lui répondis-je; il s'agit de vous et de moi.

— De moi peut-être; mais de vous?

— De moi qui suis votre élève volontaire et qui ai le droit de vous adresser des questions. Vos idées font appel aux miennes. Qu'est-ce que vous entendez par...?

— Oublions mes énigmes.

— Impossible! je les sais par cœur.

— Tant pis! reprit-il d'un air mécontent.

Mais il se rasséréna assez vite.

— Puisque j'ai commis la faute, je dois la réparer. Que me demandez-vous?

— Ce que vous appelez le bien suprême.

— Je crois l'avoir écrit : le sentiment de la justice dans le cœur du juste.

— Fort bien; mais il y a une personne dont vous avez dit aussi : « Elle est le bien suprême. »

— Oui. Elle s'associe dans mon âme à la notion du juste, du vrai et du bon.

— Et à la pensée de l'amour, de l'amitié et de l'hyménée, car ce sont vos expressions.

— Pourquoi le nierais-je? Vous êtes d'âge à savoir que le but d'une inclination vraie, c'est l'association de deux personnes qui s'estiment assez pour souhaiter de passer leur vie ensemble. Ce jour viendra pour vous dans quelques années, Lucienne! Faites un bon choix: c'est la morale à tirer de mes pensées, puisque mes pensées vous intéressent.

— Vous avez donc le désir de vous marier, Frumence? Je ne le savais pas, vous ne me l'aviez jamais dit.

— Et je ne comptais jamais vous le dire; à quoi bon? Entendons-nous cependant : je n'ai pas le désir de me marier, mais seulement le regret de ne pas pouvoir me marier.

— Parce que...?

— Parce que la seule personne qui me conviendrait ne peut m'appartenir. Donc, je n'y songe pas.

— Vous y songez malgré vous pourtant.

— Si c'est malgré moi, c'est absolument comme si je n'y songeais pas. Tenez, Lucienne, je suis bien aise que ceci puisse nous servir de texte pour philosopher aujourd'hui. Il y a des rêveries involontaires, comme il y a des pensées définies. La vie de l'esprit se compose de ces alternatives que l'on pourrait comparer à l'état de sommeil et à l'état de veille de la vie du corps. A tout âge, et au votre plus qu'au mien, il y a des lassitudes de l'esprit ou des excès de vitalité dans l'imagination, qui jettent dans le rêve. La raison consiste à s'abandonner le moins possible à cette sorte de désœuvrement de la pensée, car c'est le domaine de l'illusion, et l'illusion, c'est du temps qu'on perd pour la sagesse. Un bon esprit accorde très-peu d'instants et très-peu de confiance à la rêverie. Il la change vite en méditation, et la méditation, c'est la recherche des choses nettes et vraies. Me comprenez-vous bien ?

— Oui, je crois : vous voulez m'empêcher de devenir romanesque ?

— Vous l'avez été !

— Je ne le suis plus. J'ai pris avec vous le goût de la force et de la raison; mais, si vous voulez que je continue, il ne faut pas être romanesque vous-même.

— Merci de la leçon, ma chère philosophe ! Je l'ai été apparemment pendant cinq minutes, il y a une quinzaine de jours; mais, comme je l'avais absolument oublié, c'est absolument comme si cela ne m'était jamais arrivé. Notre esprit est quelquefois un malade en délire dont l'homme bien portant n'est pas responsable.

XXIX

Nous parlâmes philosophie pure, et je m'en allai très-rassurée sur le compte de Frumence, mais très-mortifiée pour le mien. Comment! cet amour immense et profond qu'il m'avait fait entrevoir n'était qu'une sotte chimère répudiée par lui, une fantaisie fugitive dont il n'avait pas même conscience! L'objet de cette fantaisie était bien humilié de compter pour si peu, et je ne voulais plus croire que ce fût moi.

Et je l'avais cru quinze jours! J'en avais été tour à tour émue, effrayée, offensée, enivrée, presque malade, tout cela pour m'entendre dire qu'on avait peut-être rêvé de moi cinq minutes et qu'on saurait se dispenser d'y rêver davantage!

Un mauvais instinct s'éveilla dans l'enfant gâté et trop isolé que j'étais, et je devins tout à coup une sotte petite personne; je ne veux pas chercher si cela fut l'effet d'une crise de personnalité farouche que subissent les autres jeunes filles. Je regarde avec sévérité dans ce passé évanoui qui m'apparaît comme une petite honte et un petit remords, et je ne voudrais en rien l'atténuer. Tout ce que j'en puis conclure aujourd'hui, c'est que je jouais avec la passion sans en connaître la cause et le but.

Je me surpris regrettant de n'avoir pas troublé le repos de Frumence, et rougissant de m'être ainsi abusée sur mon mérite. Le dépit fut si profond, que je cherchai à m'y soustraire en me persuadant que Frumence avait su, à force de vertu et de discrétion, me cacher son amour et déjouer ma pénétration. Il m'adorait, et cela datait de loin. Il m'avait aimée enfant, alors que Denise en devenait folle de jalousie. Il s'était peut-être trahi devant quelqu'un à l'époque où la méchante Capeforte lui avait attribué des projets de séduction et de captation cupide à mon égard. Il m'avait peut-être oubliée pendant deux ans que nous avions passés presque sans nous voir; mais, depuis un an que je le voyais toutes les semaines, il m'aimait ardemment, il me contemplait avec enthousiasme, il m'enseignait avec ferveur. Il était bien certain qu'il ne pouvait m'épouser et qu'il ne devait pas seulement y songer. Esclave du devoir et doué d'une robuste fierté, il combattait son inclination, il s'en réprimandait et s'en moquait lui-même. Il eût mieux aimé mourir que de me la laisser pressentir, et, quand j'étais prête à la deviner, il s'en tirait par des dénégations enjouées qui étaient un sublime effort d'héroïsme.

Les choses ainsi arrangées dans ma cervelle, je reprenais mon rôle d'idole, qui me plaisait fort, et je considérais Frumence comme un adorateur digne de moi. Il était muet, soumis, craintif, admirable d'abnégation. Il me parlait sans trouble de mon futur mariage avec un homme de mon choix et de mon rang. Il était prêt à devenir le confident et le serviteur dévoué de mes illustres amours, sauf à mourir de désespoir le lendemain de mes noces avec Marius ou tout autre jeune homme bien né. Je le plaignais d'avance, ce noble ami sacrifié ; je lui élevais sur la montagne une tombe digne de lui, et je composais son épitaphe. Je lui appliquais ce vers du Tasse que miss Agar m'avait appris et qu'elle eût aussi bien fait de ne pas m'apprendre :

> Brama assai, poco spera e nulla chiede.

Enfin j'embaumais Frumence dans mes souvenirs anticipés, et je me forgeais une chaste et douce mélancolie pour le temps où il ne serait plus.

Voilà comme j'étais guérie du romanesque ! Mais aussi quel est le moyen d'en guérir, quand les bonnes lectures vous tracent un idéal plus pur et non moins séduisant que les mauvaises ? Que peut-on lire à dix-huit ans qui ne parle pas d'amour, soit sérieusement, soit follement ? Les contes du berceau commencent toujours par un roi et une reine qui s'aimaient avec tendresse et finissent par une princesse et un prince qui se marièrent et vécurent heureux. Dès que l'on passe à l'histoire, le domaine des faits réels, on voit l'amour qui débuta par perdre Troie, bouleverser les empires, et, quand on veut boire aux sources les plus sacrées de la poésie, on trouve Pétrarque brûlant pour Laure et Dante faisant l'apothéose de Béatrix.

Béatrix ! ce fut là surtout mon rêve et mon dangereux météore. Je commençais à bien savoir l'italien. Ce n'est pas la peine d'apprendre une langue, si on doit en ignorer les beautés. Frumence, qui ne pouvait mettre *l'Enfer* entre mes mains, coupa son édition pour me donner *le Paradis*. *Le Paradis* consomma ma perte. Je devins sa Béatrix dans ma pensée. J'entrepris de le guérir de la passion qu'il n'éprouvait pas et de lui faire lire dans le ciel auquel il ne croyait pas.

Je ne sais s'il s'aperçut que je devenais bizarre et inquiétante comme élève ; mais il s'arrangea souvent pour être absent le dimanche, et bientôt je fus presque des mois entiers sans le trouver aux

Pommets. M. Costel me remettait mes cahiers, que son neveu avait examinés et annotés durant la semaine, avec des livres quand j'en pouvais manquer. Je trouvais aussi mon déjeuner servi sur la grande table, mais je prolongeais en vain ma visite; Frumence ne devait rentrer que le soir, et j'étais forcée de partir sans l'avoir vu. Je savais bien que Frumence n'avait pas régulièrement affaire à Toulon, et qu'il lui en coûtait de ne pas exercer envers moi sa gentille et modeste hospitalité.

Le mystère de sa conduite, bien loin de m'offenser, me charma. Il me fuyait! Il avait bien tort, puisque je venais à lui pour verser le dictame céleste sur ses blessures! Mais il ne pouvait pas ainsi supporter ma vue tous les dimanches. Il craignait de se trahir. Il s'égarait et se cachait dans les « antres sauvages » pour faire provision de stoïcisme contre l'attrait de ma présence.

Si ce brave garçon eût été réellement aux prises avec une passion pour moi, j'en eusse fait un martyr, car je m'acharnais à ne pas me laisser oublier. Cela eût été odieux; mais mon ignorance des passions empêchait ma conscience de m'avertir, et j'allais toujours pensant que le bienfait de mon amitié épurée devait aider Frumence malgré lui à entretenir sa vertu sans trop de souffrance. Je jouais à mon insu un jeu de grande coquette, un jeu à me perdre, si Frumence n'eût été le plus sage et le meilleur des hommes.

Ne le voyant presque plus, j'imaginai de lui écrire sous prétexte de le consulter sur mes études. J'éprouvais le besoin d'essayer mon style et de parler de moi à un esprit prosterné devant le mien. Je me mis donc, moi aussi, à écrire des pages de rêveries et de réflexions et à les glisser dans mes cahiers, comme par mégarde; mais je reconnus que ce serait trop naïf, tout en étant très-hypocrite, et je m'adressai franchement à lui en le priant de résoudre mes doutes. A propos des amours illustres ou des renoncements austères de l'histoire, je tâchais de l'entraîner dans des subtilités de psychologie ou de sentiment où je m'égarais moi-même. Je lui posais des problèmes, je lui soulignais des citations, j'appelais sa méditation sur des niaiseries solennelles, ou sur des problèmes insolubles de lui à moi. J'y portais une hardiesse inouïe et une candeur étonnante; car Jennie avait su me garder chaste comme elle-même, et il n'est aucune de mes inquiétudes de cœur qu'elle n'eût pu guérir par son sens droit et délicat, si j'eusse daigné l'interroger; mais j'avais l'ingrat caprice de ne plus vouloir d'elle pour mon guide immédiat, et peut-être aussi aurais-je rougi devant elle, si elle eût deviné le roman que je me forgeais sur le compte de Frumence.

Celui-ci répondit très-prudemment à mes indiscrètes curiosités. Il ne voulut pas prendre mes griffonnages pour des épîtres que je lui adressais. Il eut l'air de les considérer comme des essais littéraires que je soumettais à son jugement. Il se contenta d'écrire en marge, en me les rendant, des réflexions comme celles-ci : « Pas mal rédigé, — question oiseuse, — raisonnement assez juste, — recherche futile, — page bien écrite et bien pensée, — divagation puérile, — bonne réflexion, — rêvasserie de quelqu'un qui s'endort devant son encrier, » etc., etc. — Et il ne garda aucun de ces précieux écrits qui étaient destinés à éclairer et à calmer son âme agitée. — Je m'en étonnai un peu, et puis j'essayai de croire qu'il en prenait copie et qu'un jour il me dirait : « Voilà ce que j'ai feint de dédaigner ; mais j'en ai fait mon profit ; vous m'avez sauvé, par la sainte amitié, des orages de l'amour. »

C'est lui dont la sainte bonté m'eût guérie, à elle seule, de mes sottes illusions ; mais un concours de circonstances nouvelles devait bientôt les dissiper radicalement.

XXX

Ma grand'mère s'était adressée à toutes ses connaissances pour me procurer une nouvelle gouvernante. On ne trouvait pas d'étrangère à la localité qui voulût venir s'enterrer chez nous, et les personnes du pays manquaient de ces fameux talents d'agrément qu'on persistait à croire si nécessaires. Comme je n'avais aucune disposition pour les beaux-arts ainsi enseignés, ma bonne maman voulut bien en faire le sacrifice; mais elle se persuada que j'étais trop seule, qu'elle occupait trop Jennie, — la pauvre femme s'en faisait un reproche ! — enfin que je devais m'ennuyer, et que, faute de gouvernante, il me fallait une demoiselle de compagnie. Depuis longtemps le docteur Reppe insinuait un nom qui n'était sympathique à personne chez nous et qui m'était presque odieux. Il s'agissait de sa protégée Galathée Capeforte, alors âgée de vingt ans, toujours parfaitement laide, mais excellente personne, disait-il, et raisonnablement instruite. Elle sortait du couvent, où elle avait toujours remporté les

premiers prix de couture, d'arithmétique et de
bonne tenue. Elle était fort pieuse, ce qui est
très-nécessaire à une femme, observait le docteur,
lequel se dispensait de toute religion pour lui-
même et allait bien plus loin que Frumence, car
il raillait tous les cultes et les trouvait indignes de
son sexe. Galathée, disait-il, serait une grande
ressource pour moi. Elle me rendrait *un peu
femme*. Le docteur craignait que mes goûts d'ama-
zone, mon instruction virile et l'indépendance de
mes idées ne fussent préjudiciables à mon bonheur, peut-être à ma réputation *dans le monde !*
Avec cette sage et douce jeune fille à mes côtés,
je deviendrais plus sédentaire ; sinon, on pourrait
toujours dire que j'avais une amie raisonnable, et
le choix de celle-ci serait généralement approuvé
par les personnes bien pensantes du pays.

Ce dernier point était devenu vrai. A force de
bassesses et d'hypocrisie, madame Capeforte s'était
fait accepter par les connaissances de ma grand'-
mère, et toutes reprochèrent à celle-ci des préventions qu'elles avaient partagées. Sa résistance,
soutenue par la mienne, durait depuis longtemps,
lorsque madame Capeforte obtint, je ne sais comment, pour Marius un emploi dans les bureaux de
la marine de l'État, avec traitement convenable,
presque pas de travail, une sorte de sinécure, et la

résidence à Toulon. Il fallait bien lui savoir gré d'un succès inespéré pour ce membre de la famille. Elle offrait sa fille *gratis,* par amitié, par dévouement.

— La seule récompense de Galathée, et son seul profit, disait-elle, seraient d'acquérir dans le commerce de madame de Valangis les manières et le ton de la *haute société,* et d'avoir en Lucienne une charmante compagne.

Jennie, qui jusque-là m'avait soutenue dans mes refus, crut devoir céder. Galathée lui paraissait douce et attentive. Habituée aux œuvres de charité, où sa mère l'exhibait à l'admiration des fidèles, elle savait soigner les malades et amuser les vieillards.

— Si elle vous déplaît, me dit-elle, je l'observerai avec soin, et, si je la vois bien portée à soigner et à distraire votre bonne maman, je pourrai être plus souvent avec vous.

— Mais pourquoi faut-il une étrangère chez nous, quand, à nous deux, nous pouvons soigner et occuper cette chère mère?

Jennie me répondait que la chère grand'mère ne voulait pas me voir absorbée par elle du matin au soir, et qu'elle se tourmentait quand elle supposait que je me sacrifiais à elle. Il y avait du vrai. Ma grand'mère ne voyait presque plus, et

elle ne pouvait plus entendre lire sans s'assoupir.
Il lui fallait une petite causerie que je ne savais
pas varier sur un même thème de tous les jours.
Galathée saurait lui dire des riens et ne s'ennuierait pas d'en dire, puisqu'elle n'avait pas autre
chose dans l'esprit. Galathée était une fille faite :
le grand exercice ne lui était plus indispensable.
Enfin ma bonne maman tenait à contenter la mère,
et le docteur disait qu'on pouvait bien essayer
quelques mois, que cela n'engageait à rien, et
qu'on verrait plus tard. C'était sa formule vis-à-vis
de tous ses malades.

Je dus céder aussi; Galathée fut installée chez
nous dans l'appartement de miss Agar. Jennie
m'engagea à lui faire bon accueil. Elle était timide
et gauche, et peut-être était-elle à plaindre ou à
encourager. J'y fis de mon mieux, et j'y voulus
mettre de la générosité. J'appris à Galathée à s'habiller, à s'asseoir, à manger, à saluer, à fermer
les portes, à ne pas se casser le nez contre les murs
et à ne pas tomber dans les escaliers; car cette
jeune fille, qui devait me ramener aux convenances de mon sexe, était une véritable butorde,
beaucoup plus ahurie chez nous que ne l'eût été
une chevrière du Regas. Elle ne connaissait au
monde que des religieuses et des garçons meuniers.

Elle se débarbouilla assez vite et prit une apparence plus tolérable. Je reconnus bientôt qu'elle était bonne fille, obligeante, consciencieuse dans les soins qu'elle donnait à ma grand'mère, nullement susceptible, ni intrigante, ni fausse, en un mot très-différente de sa mère, et ressemblant beaucoup pour la bonhomie et l'indécision au docteur Reppe. Je la pris en amitié, bien qu'elle n'eût rien d'agréable dans l'esprit. C'était la nullité même, elle ne savait qu'aligner des points sur du linge et des patenôtres sur le papier. Elle passait sa vie à faire des reprises et à copier des prières, ses talents d'agrément consistaient à enluminer de petites images de dévotion et à chanter des cantiques dont elle changeait et transposait les vers de la façon la plus idiote ; mais j'avais eu des préventions contre elle : je l'avais crue sournoise et médisante, j'avais été injuste, et je voulais réparer mes torts. Elle était câline à la manière des chiens qui lèchent la main prête à frapper. Quand elle m'impatientait par sa bêtise, elle le voyait dans mes yeux et venait m'embrasser pour me désarmer. Je l'embrassais aussi par remords de ma vivacité, bien qu'elle eût un visage déplaisant, d'un rouge brique et semé de taches de rousseur. Ses cheveux plats ressemblaient à du chanvre, et ses mains étaient toujours humides, ce qui me répugnait beaucoup.

Elle fût morte de désespoir plutôt que de manquer la messe du dimanche; il me fallut donc l'emmener aux Pommets. Nous n'avions qu'un cheval de selle, Zani, dont elle avait grand'peur; mais elle obtint que Michel la prendrait en croupe sur son gros cheval de voiture, disant qu'elle avait l'habitude d'aller ainsi avec ses meuniers. Quand Frumence me vit accompagnée de Galathée, il ne m'évita plus, et j'en tirai plus que jamais cette conséquence, qu'il craignait le trouble du tête-à-tête avec moi. Je me trompais beaucoup : Frumence ne craignait que la possibilité des méchants propos.

Nos entretiens redevinrent donc suivis et fréquents, et Galathée y assista, la bouche béante d'admiration, vu qu'elle n'y comprenait goutte. Je pensais qu'elle s'en lasserait vite et que nous l'endormirions au bout d'une heure. Il n'en fut rien, et je ne pus m'empêcher de remarquer que son attention se soutenait avec une ardeur extraordinaire. Je l'encourageai à profiter des excellentes instructions que je recevais, et, comme elle paraissait y faire son possible, je m'imaginai que je pourrais, Frumence aidant, la rendre un peu moins niaise. J'entrepris donc son éducation; mais elle ne s'y prêta pas comme je m'y attendais. Elle me dit, dès les premières leçons, que je lui en demandais trop, et qu'elle ne me comprenait pas comme elle comprenait Frumence. J'essayai de lui faire résumer une leçon de Frumence. Je vis qu'elle n'avait pas seulement compris de quoi nous parlions.

Je remarquai un jour que, pendant cette leçon du dimanche, elle était plus rouge que de coutume, et puis qu'elle devenait tout à coup très-pâle, et cela à tout instant. Frumence lui demanda si elle était souffrante; elle s'obstina à dire non et finit par s'évanouir. Une autre fois, elle se mit à pleurer sans motif. Frumence railla *ses nerfs,* un peu durement selon moi, et, quand je voulus lui dire que Galathée faisait de véritables efforts d'intelligence pour s'instruire, il me répondit tout bas qu'elle ferait mieux d'accepter sa nullité et de retourner à son couvent ou à son moulin.

Un autre jour, Galathée me bouda; un autre jour, elle me témoigna une tendresse exagérée. La nuit, elle pleurait dans son lit; le jour, elle s'abîmait dans la prière. Enfin elle m'octroya sa confiance tout entière et m'apprit assez brutalement qu'elle mourait d'amour pour M. Frumence Costel.

J'aurais dû la prier de garder pour elle les secrets de son cœur trop sensible; mais la vaine curiosité m'entraîna à tout savoir. Galathée était de complexion éminemment amoureuse. Elle ne se rappelait pas le temps où elle avait vécu sans passion. Dès l'enfance, elle avait adoré le garçon meunier Trémaillade. Après plusieurs autres *ejusdem farinæ,* c'est le cas de le dire, elle avait été éprise de Marius, et Marius, disait-elle, lui avait bien fait entendre qu'il voulait l'épouser. Madame Capeforte lui avait recommandé d'être aimable avec lui ; mais, un jour, Marius l'avait blessée par ses caprices. Il s'était moqué d'elle *devant le monde,* elle avait dû l'oublier, d'autant plus qu'elle avait revu Frumence, dont elle s'était bien déjà sentie éprise plus d'une fois quand elle le rencontrait chez nous. Depuis qu'elle le voyait toutes les semaines, il n'y avait plus à s'y tromper, c'était lui le bien-aimé définitif. Elle espérait lui inspirer *une inclination.* D'ailleurs, il n'avait rien ; elle était riche, ou elle le serait. Le docteur Reppe lui avait promis une dot. Sa mère, qui était ambitieuse, s'opposerait à ce mariage; mais Galathée saurait bien se faire protéger par le docteur, qui ne lui refusait rien. Madame Capeforte craignait le docteur, elle céderait. Frumence, reconnaissant de la fidélité de Galathée, serait le meilleur des époux et le plus fortuné des hommes : tel était le roman de Galathée.

Mais j'étais un obstacle à ce brillant avenir, et je devais aider ma sensible compagne au lieu de la contrecarrer. Ici, je perdis patience et lui demandai sèchement ce qu'elle entendait par là.

— Ma chère petite, répondit-elle, tu n'as que faire de t'en cacher. J'ai fort bien vu que, toi aussi, tu es amoureuse de M. Frumence. D'ailleurs, on le dit dans le pays. Tu as plus d'esprit et d'instruction que moi, et tu es très-coquette, parce que tu n'as pas beaucoup de religion. Eh bien, il faut oublier M. Frumence. Tu es noble, tu ne peux pas l'épouser. Il faut lui parler de moi adroitement, comme tu sais parler quand tu veux. Il faut lui faire comprendre qu'il n'a pas besoin d'être si fier et si craintif vis-à-vis de moi, car je suis décidée pour lui, et, si maman veut me remettre au couvent, je me ferai enlever par lui. Alors, il faudra bien qu'on nous marie. Il n'y a aucun mal dans tout cela. Le mariage purifie tout, et mon confesseur m'a dit que les péchés où l'on ne met pas de mauvaise intention n'étaient pas mortels.

Elle me débita cent sottises du même genre sans me donner le temps de lui répondre, et, quand elle eut parlé avec beaucoup d'exaltation, elle s'enfuit dans sa chambre en me criant que je devais réfléchir et demander à Dieu une bonne inspiration.

Je n'étais pas tant révoltée de sa stupidité qu'indignée de l'amour qu'elle m'attribuait pour Frumence. Descendre de mon rôle d'idole mystérieuse pour me voir en lutte avec cette plate rivale, c'était une humiliation qui m'empourprait le visage jusqu'à la racine des cheveux, et, si Galathée ne se fût sauvée à temps, je crois que je l'aurais battue.

Je me radoucis devant son repentir, et j'eus tort. Je n'aurais pas dû souffrir que cette fille sans culture et sans idées, sans défense par conséquent devant les appétits ardents qui se développaient en elle, m'initiât à ses illusions, à ses langueurs, à son besoin physique du mariage. Je ne soupçonnais pas ce qu'il y avait de brutal au fond du stupide roman dont elle me régalait. Peut-être n'y voyait-elle pas bien clair elle-même ; j'aime à croire qu'elle ne savait pas tout ce qu'elle avait l'air de savoir, car elle se servait d'expressions consacrées dans certain langage de confessionnal, et qui étaient d'une crudité révoltante.

Heureusement, je ne les comprenais pas, et je ne consentis pas à les deviner ; mais, à force d'entendre cette fille se lamenter lâchement sur les ennuis de la solitude ou sur ce qu'elle appelait la méfiance et la rigueur de son amant, je pris un contre-pied d'une exagération réelle : je regardai l'amour comme une faiblesse honteuse, et je résolus de n'aimer jamais. Ceci pouvait être un bon préservatif contre les périls de la première jeunesse ; mais, comme tous les partis pris sans lumière et sans expérience, c'était le commencement d'une notion fausse de la vie et du mariage.

XXXI

J'atteignais mes dix-neuf ans quand Marius revint habiter Toulon avec un petit emploi plus agréable que celui de commis dans la maison Malaval. Son traitement était bien modeste, mais un de ses vœux se trouvait réalisé : il était un peu marin par l'uniforme sans l'être par le fait. Il portait un habit bleu bien coupé, une petite ganse à sa casquette, et il n'était pas exposé à s'embarquer.

Il était redevenu joli garçon et ses manières s'étaient adoucies en même temps que son existence. Il était toujours aussi moqueur, mais avec plus d'entrain et de gaieté.

Fort peu assujetti par ses fonctions, il vint passer avec nous tous les dimanches, et remarqua bientôt les grimaces singulières de Galathée au seul nom de Frumence. Son penchant à la raillerie lui tenant lieu de pénétration, il devina ce que Jennie ne soupçonnait même pas. Il s'amusa dès lors à torturer mademoiselle Capeforte. Il lui écrivit au nom de Frumence des déclarations inouïes; il lui donna des rendez-vous dans tous les recoins de la montagne; il lui faisait trouver des lettres d'amour jusque dans ses souliers. Puis il s'amusa à jouer la comédie d'être amoureux d'elle et jaloux de Frumence. Enfin, s'il ne la rendit pas folle, c'est qu'elle était trop stupide pour le devenir.

Je n'approuvais pas ces cruautés et je n'y participai jamais; mais Marius, qui ne me consultait pas pour les inventer, venait me les raconter, et il m'était impossible de n'en pas rire. Il y avait si longtemps que je n'étais plus gaie! La société de Marius me ramenait aux heureux jours de l'enfance, et c'était un apaisement aux fantaisies d'imagination qui m'avaient troublée.

Il nous accompagnait à la messe, où nous allions souvent à pied dans la saison douce. Il traitait Frumence amicalement, et Frumence le jugeait aimable et bon. Il m'aidait à prendre tranquillement et sérieusement ma leçon, car il emmenait Galathée au jardin ou à la source, en lui faisant des scènes de jalousie dont elle était dupe, au point de ne plus savoir qui elle devait aimer, de Frumence ou de Marius. Je crois qu'elle s'arrangeait pour rêver de l'un et de l'autre, ce qui lui donnait des accès de gaieté nerveuse et folle où elle parlait et agissait comme une personne ivre. Quelquefois il s'amusait à la perdre dans la montagne, et il revenait me dire de ne pas l'attendre, parce qu'elle était retournée seule à Bellombre. Nous partions alors avec Michel, et Galathée retrouvait aux Pommets Frumence, très-surpris de la voir arriver. Il se doutait bien de quelque espièglerie de Marius; mais il était loin de croire qu'il y fût mêlé. Alors il avait la bonté et la candeur de ramener mademoiselle Capeforte jusque chez nous, et elle était dans des transes mortelles de voir arriver Marius à sa rencontre avec des pistolets. Un jour, il lui envoya un gamin avec une lettre où il lui disait : *Quand vous rentrerez, je ne serai plus qu'un cadavre !!!* Elle crut à un suicide et arriva au pas de course. Marius s'était caché et se fit chercher pendant deux heures.

Rien ne détrompait cette pauvre sotte. Quand j'essayais de lui dire que Marius se moquait d'elle, elle me répondait que je l'aimais et que j'en étais jalouse. J'avoue qu'alors je la prenais en dédain profond et l'abandonnais à son persécuteur,

A la suite de toutes ces malices, Marius causait avec moi naturellement des ridicules chimères de l'amour, et il était charmé, disait-il, de me voir si sensée et si positive à cet endroit-là. Le fait est que, s'il eût fallu m'inspirer un sentiment tendre, jamais Marius n'en fût venu à bout. Il était trop froid pour l'éprouver et trop ironique pour le feindre; mais il m'amenait à une théorie qui détruisait tous mes romans de fond en comble. Il me faisait envisager le mariage comme un contrat de paisible amitié dont l'avantage et la dignité consistaient à exclure l'enthousiasme et la passion. Pour lui, la théorie était bien sincère : si son esprit avait vingt-deux ans, son cœur en avait quarante.

J'arrivais à penser comme lui et à perdre l'idéal, pour l'avoir poussé trop loin. Lorsque j'avais voulu me persuader que j'étais supérieure à l'amour, je rendais encore hommage à l'amour, car je croyais m'élever au-dessus d'une grande chose, et maintenant, grâce au ridicule amer de Galathée, qui me présentait la caricature de mon illusion passée, grâce aux terribles sarcasmes de mon cousin sur son compte, je me disais que j'avais méconnu la raison de Frumence, que je n'avais jamais été l'idéal de personne, par la raison qu'il n'y a pas d'amour idéal pour les personnes sensées.

Que d'hésitations et de réactions dans une pauvre tête de dix-neuf ans! Me voilà sceptique pour une nouvelle phase de ma jeunesse! Marius reprend sur moi l'ascendant qu'il avait perdu. Je redeviens rieuse et active sans être véritablement gaie, car tout désenchantement est triste. Je ne cherche plus dans l'entretien de Frumence que le côté sec de la réalité historique, je n'aime plus les poëtes, j'étonne mon instituteur par la froide rectitude de mon jugement, et je lui apparais plus athée que lui-même.

Une dernière crise marqua le terme de mes instincts de vanité féminine. Un jour que je sermonnais un peu Marius sur l'excès de ses malices, je lui demandai, pour l'attendrir, si, à travers les aberrations de Galathée, il ne pouvait pas y avoir un attachement vrai pour Frumence, quelque chose d'exagéré, de mal compris, de mal exprimé, mais de respectable en soi-même.

— D'ailleurs, ajoutai-je, que savons-nous de l'avenir? Frumence pourrait être touché à la longue de voir cette fille riche le préférer à de riches partis, et, comme nous aimons beaucoup Frumence, nous regretterions, toi et moi, d'avoir ainsi tourmenté et presque avili sa femme.

— Voilà une idée tout à fait fantasque, répondit Marius. D'abord, la ridicule Galathée ne se mariera jamais avec un homme qui se respecte. Ensuite, Frumence, outre qu'il est cet homme-là, a une inclination sérieuse, nullement romanesque, mais très-ancienne déjà, pour une personne de ta connaissance... Pourquoi rougis-tu? Tu crois que c'est un secret que je trahis? Non. J'ai été initié à ce secret il y a déjà longtemps, et, comme je vois bien que tu le sais, je vais te dire comment je le sais moi-même. — Tu te rappelles qu'il y a quatre ans, quand j'ai pris sur moi de quitter la maison, j'avais des préventions contre Jennie et contre Frumence. J'avais tort. Ils m'ont prouvé leur attachement et leur délicatesse. On m'avait fait de mauvais propos que je t'ai peut-être répétés : autre tort; mais j'étais encore enfant, et il est bon d'oublier tout cela. Seulement, je n'oublierai jamais que ta grand'mère m'a fait un rude sermon en me révélant la situation. Elle s'imaginait apparemment que je courtisais Jennie, car elle a cru devoir me rappeler que j'étais gentilhomme, et que je ne pouvais et ne voulais sans doute pas épouser une femme du peuple, quelque respectable qu'elle fût par elle-même. Elle a ajouté : « D'ailleurs, Jennie ne serait pas libre de vous écouter. Elle est fiancée au bon et sage Frumence. C'est moi qui ai voulu leur mariage et qui ai porté la parole pour lui. Jennie n'a pas pu s'engager tout de suite pour des raisons très-plausibles que vous n'avez pas besoin de savoir, mais qui peuvent d'un jour à l'autre cesser d'être. Jennie a donc promis devant moi à Frumence de l'épouser le jour où il n'y aurait plus d'empêchement, et vous pouvez répondre à ceux qui calomnient cette chère et digne femme que l'amitié de Frumence pour elle et son estime pour lui sont la plus légitime et la plus honnête chose du monde. »

Cette révélation de Marius me causa une surprise et une émotion très-grandes. Nous étions précisément en chemin pour les Pommets, tous deux à cheval, car ce jour-là on lui en avait prêté un à Toulon, et Galathée nous suivait en croupe derrière Michel.

Je ne pus résister à un dernier désir de jouer un rôle dans ce nouveau roman qui s'ouvrait devant moi. J'étais fort humiliée de ne l'avoir pas su à temps pour m'épargner mes frais de compassion envers Frumence, et de n'avoir pas deviné que son cri du cœur : *Amour, amitié, ô hyménée!* s'adressait à ma bonne Jennie, et nullement à moi.

Dès que je fus seule avec lui, j'éprouvai le besoin d'effacer de son esprit l'impression qu'il avait pu recevoir de ma manière d'être et de mes imprudentes investigations. Qui sait si, pénétrant comme il l'était, il n'avait pas deviné ma puérile erreur sur son compte? J'amenai l'entretien, que j'avais l'habitude de diriger à mon gré, sur la question du mariage. Il fronça d'abord un peu le sourcil en m'objectant que j'en savais désormais l'historique dans tous les temps et dans tous les pays civilisés, et qu'il n'entrait pas dans son programme de m'en donner les notions applicables au temps présent.

— C'est une chose si logique et si acceptée dans les bonnes mœurs, ajouta-t-il, que je n'ai aucune philosophie particulière à vous enseigner à cet égard-là.

— Je vous demande pardon, Frumence, répondis-je avec un grand sérieux. Je suis arrivée à l'âge où je puis être appelée d'un jour à l'autre à faire un choix; ne pouvez-vous me dire s'il faudra m'y décider comme à une nécessité inévitable de ma position, ou si vous me conseillez d'attendre que je sois plus instruite, plus raisonnable et plus capable de discernement?

— Je ne puis rien vous conseiller. Si vous étiez complétement libre, je vous dirais que rien ne presse; mais, si votre bonne maman, qui craint de vous laisser seule dans la vie, désire que vous vous hâtiez, je ne dois en aucune façon avoir un avis opposé au sien.

Je plaidai le faux pour savoir le vrai.

— Je crois, lui dis-je, que ma grand'mère désire mon mariage.

— Alors, écoutez votre grand'mère et Jennie, qui seront toujours d'accord pour votre bonheur.

— Mon bonheur, Frumence ! Pourquoi vous servez-vous d'expressions banales, vous qui voyez les choses de si haut? Est-ce qu'il faut envisager le mariage comme une promesse de bonheur? Ne vaudrait-il pas mieux l'accepter comme un devoir pur et simple, comme un hommage rendu à la société et à la famille, sans se demander si on s'en trouvera mal ou bien?

— Si vous êtes de cette force-là, mon cher philosophe, dit Frumence en souriant, c'est une très-belle armure contre les chances toujours mystérieuses de l'avenir; mais permettez-moi d'espérer que toute cette noble sagesse dont vous faites provision sera rémunérée par le sort.

— Pourquoi me présenter des illusions dont je ne veux plus, mon cher Frumence? J'en ai eu, vous le savez, j'ai été romanesque.

— Oui, dit Frumence en riant, il y a tantôt un siècle,... c'est-à-dire un an ou deux !

— Si j'ai cru que le mariage pouvait être une joie dans la vie, c'est un peu votre faute, mon ami.

— Moi ? Par exemple !

— Eh ! mon Dieu, n'étiez-vous pas sous le charme de certaines aspirations qni m'avaient frappée... malgré vous, j'en conviens ; mais enfin vous étiez tout près d'aimer, si vous n'aimiez déjà quelqu'une que vous aimez tout à fait à présent, j'imagine ?

Frumence rougit. Sa mâle et brune figure avait conservé ces soudainetés candides de l'enfance.

— Lucienne, répondit-il, vous étiez curieuse quand vous étiez romanesque, c'était logique ; mais, à présent...

— A présent, mon cher Frumence, je suis sérieuse, et j'aborde franchement le sujet qui m'intéresse ; voyons ! ne manquez pas de confiance et d'estime pour moi. Je suis capable de garder un secret, et il y a longtemps que je sais votre affection pour une personne qui m'est chère.

— Est-ce qu'elle vous l'a dit ?

— Non ; mais je sais que ma grand'mère désire ce mariage depuis longtemps, et je m'étonne de la durée des obstacles.

— Ces obstacles seront peut-être éternels, Lucienne, et vous voyez que je me résigne avec la dignité que comporte un pareil projet.

— Oui ; mais dois-je en conclure que vous ne croyez pas plus au bonheur comme récompense du devoir accompli que vous ne croyez aux promesses d'une autre vie?

— Ma chère enfant, dit Frumence en se levant comme pour rompre la conversation, je crois au devoir et au bonheur en cette vie, parce que l'un est, sinon la récompense, du moins la conséquence nécessaire de l'autre. Avec la conscience d'avoir saintement aimé une femme, j'ai la certitude que je me trouverai satisfait de moi-même, si j'ai pu le lui prouver; mais, si des circonstances fatales m'obligent à passer à côté de ce bonheur sans l'avoir saisi, j'aurai encore cette consolation de pouvoir me dire qu'à toutes les heures de ma vie j'ai su me rendre digne d'y prétendre, et que j'emporterai l'estime d'une amie dans ma tombe. Avec ces idées-là, on ne se nourrit ni de tourments ni de chimères; on accomplit sa tâche de dévouement tant qu'elle doit durer, et, si elle est inutile, on meurt en paix : ce n'est la faute de personne!

Frumence parlait ainsi debout, une main posée à plat sur la table, l'autre sur sa poitrine, sans affectation, mais avec une sorte de loyale solennité. Il me parut transfiguré. Je ne l'avais jamais vu ainsi; son visage et son attitude étaient magnifiques, et ses yeux brillaient comme deux diamants noirs ruisselants de soleil.

Je fus émue et frappée de son aspect comme

d'une révélation, et je ne sus rien répliquer; j'avais voulu lui arracher son secret, un secret de patience et de ténacité où j'entrevoyais, au-dessus des forces du stoïque, une flamme mystérieuse plus belle encore que la philosophie. L'amour, ce fantôme aperçu et repoussé, passait devant mes yeux, et m'inspirait je ne sais quel respect mêlé d'effroi, peut-être de regret!

XXXII

Marius vint jeter des lazzi sur cette émotion. Je quittai les Pommets, surprise et recueillie, et Marius fit de vains efforts ce jour-là pour me distraire. J'étais résolue à soumettre Jennie à la même épreuve que Frumence. Avant de suivre le froid chemin que m'ouvrait l'ironie de Marius, je voulais savoir si l'amour existe à l'état de grandeur morale dans une âme élevée, et si une femme peut aimer un homme sans ressembler à la langoureuse Galathée.

Dès le soir même, enfermée avec Jennie, je provoquai sa confiance, mais avec beaucoup plus d'embarras que je n'en avais eu avec son fiancé. Il y avait quelque chose de si austère dans Jennie, qu'elle m'inspirait les premiers troubles de la pudeur. Dès qu'elle comprit ce que je lui demandais, elle me regarda un peu sévèrement.

— Qui donc a pu vous raconter cela? dit-elle. Il n'en a jamais été question qu'entre trois personnes, votre grand'mère, Frumence et moi.

Je n'essayai pas de mentir avec elle; je lui racontai ce que m'avait dit Marius.

— M. Marius aurait dû garder cela pour lui, reprit-elle. Le moment n'est pas venu pour vous de vous tourmenter de l'avenir des autres. Vous aurez bien assez à faire quand il s'agira de vous-même.

— Et quand s'agira-t-il de moi-même?

— Quand vous en aurez la volonté. Est-ce que vous l'avez déjà?

— Non, ma Jennie, je n'ai pas de volonté, je n'ai que de l'incertitude; je voudrais savoir s'il faut aimer beaucoup son mari.

— Oui, certes, il faut l'aimer plus que tout au monde quand il le mérite, et, s'il ne le mérite pas, il faut passer sa vie à cacher ses torts et ses fautes. C'est très-pénible : voilà pourquoi il faut avoir un mari estimable que l'on puisse aimer, et ne pas se marier sans savoir ce qu'on fait.

— Tu as été mariée très-jeune, Jennie?

— Beaucoup trop jeune.

— Et tu as été malheureuse?

— Ne parlons pas de moi.

— Si fait! puisque tu as accepté de devenir la femme de Frumence, c'est que tu l'estimes beaucoup.

— Je l'estime beaucoup.

— Alors, tu l'aimes plus que tout au monde?

— Non, Lucienne.

— Comment, non?

— Il a quelqu'un que j'aime plus que lui.

— Qui donc?

— Vous.

— Ah! ma Jennie, m'écriai-je en l'embrassant, tu crains que je ne sois jalouse! mais je ne veux pas l'être, je ne suis pas égoïste, je veux bien que tu aimes ton mari plus que moi.

— Frumence n'est pas mon mari, Lucienne; il ne le sera probablement jamais.

— Pourquoi donc cela?

— Pour des raisons que je ne peux pas vous dire et qui ne dépendent ni de lui ni de moi.

— Comme tu es mystérieuse, Jennie!

— J'y suis forcée, mon enfant.

Je vis que son visage s'était assombri, je ne l'avais jamais vu ainsi. Je me jetai à son cou en pleurant.

— Tu me fais peur, lui dis-je : je crois que tu es toujours malheureuse !

— Ici ? avec vous ? reprit-elle en souriant. Non, c'est impossible. Si j'ai eu du malheur en ce monde, ce n'a jamais été par ma faute ; je suis donc tranquille, comme vous voyez.

— Tu parles comme Frumence, mais plus tranquillement encore. Il dit bien que la bonne conscience dédommage de tout ; mais, en disant cela, ses yeux brillent, et on voit qu'il t'aime par-dessus tout.

— Vous avez donc parlé de moi avec Frumence ? Ah ! petite tête ! vous osez tout !

— Tu m'en fais un crime ?

— Non, vous êtes comme cela parce que vous êtes bonne et aussi parce que vous vous faites peut-être des idées sur nous deux ; voilà ce que je n'aurais pas voulu ; vous allez croire qu'on pense à soi, quand on ne pense qu'à vous.

— Et pourquoi donc ne penserais-tu pas à toi-même ?

— Ma chère petite, dit Jennie d'un ton grave et assuré, je n'ai jamais souhaité de me remarier. Votre grand'mère, bonne comme un ange, s'est mis dans l'esprit qu'il me fallait une autre amitié que la sienne et la vôtre. Frumence l'a cru aussi parce que votre grand'mère le disait. A présent

Frumence sait bien que je suis mère avant tout, que vous êtes mon seul enfant, et que je ne suis pas femme à me tourmenter de mon avenir; il sera ce qu'il sera. J'y penserai quand le vôtre sera assuré. Votre mari ne m'appréciera peut-être pas autant que vous;... alors... nous verrons!

— Ainsi l'affection que tu as pour ce bon Frumence dépend de ta volonté? Tu es assez forte pour te dire : « J'aurais pu l'aimer, mais je ne l'ai pas voulu; » ou bien : « Je l'aimerai tel jour, quand il me plaira d'aimer! »

— Vous riez, moqueuse? dit Jennie, toujours calme. Eh bien, je suis comme cela. J'ai été à une école par où vous ne passerez jamais, Dieu merci, et j'ai fait une provision de volonté aussi solide que celle que Frumence a trouvée dans ses livres. Un temps viendra où je vous dirai cela, mais je ne le peux pas encore.

— Dis-moi pourtant quelque chose, Jennie! Tu crois en Dieu, toi?

— Oh! oui, par exemple! Ceux qui ont beaucoup souffert ne peuvent pas faire autrement.

— Et tu sais que Frumence n'y croit pas?

— Je sais cela, c'est son idée!

— Et cela ne te tourmente pas, quand tu te dis que tu seras peut-être sa femme?

— D'abord, je ne me dis pas ça souvent. Il est

inutile de penser à ce qu'on ne peut ni avancer ni reculer. On doit prendre les temps de la vie comme ils viennent. Ensuite, si je dois un jour vivre avec un homme qui doute de Dieu, je me figure que je le changerai.

— Et si tu n'y parviens pas?

— Je m'en consolerai. Je me dirai qu'il verra plus clair dans une vie meilleure, et que Dieu le trouvera digne de lui montrer plus de lumière que dans celle-ci. Allons, Lucienne, voilà onze heures. Dormez bien, et que mon sort ne vous tourmente pas. J'aurais grand tort de m'en plaindre, puisque vous m'aimez si bien.

Elle me baisa au front et s'en alla dans sa chambre, aussi tranquille que les autres soirs.

La confession de Frumence avait entr'ouvert devant moi la porte de l'idéal, la protestation de Jennie la referma. Pendant quelque temps je ne vis plus rien qu'un nuage impénétrable sur mon avenir. Une âme forte comme celle de Frumence rêvait l'amour et le surmontait. Une âme grande comme celle de Jennie l'ajournait sans y rêver. Ce tyran des cœurs était donc bien débonnaire et bien facile à tenir en bride, pour peu que l'on fût un esprit bien trempé, et j'avais la prétention de n'être au-dessous de personne.

XXXIII

C'est alors que, tout en causant de Frumence, de Jennie et même de l'imbécile Galathée, à nos moments perdus, nous en vînmes insensiblement, Marius et moi, à parler de nous-mêmes. Il s'était fait en moi je ne sais quel dépit sans nom contre la destinée, et Marius surprit en mon cœur je ne sais quel fonds de tristesse et de découragement. Il ne l'exploita pas de parti pris, mais il s'en servit comme il savait se servir de tout ce qui lui tombait sous la main.

— Tu es bien enfant, me dit-il, de te préoccuper de l'avenir! Le tien est des plus simples, tu n'as rien à faire que de l'accepter. Tu es bien née, bien élevée, et que ton père ait ou non une grande fortune et d'autres enfants, ta grand'mère s'est arrangée, je le sais, pour te constituer son unique héritière. Cela te fait quelque chose comme douze mille livres de rente, mille francs par mois; en province, c'est très-joli!

— Mais je ne m'occupe pas de l'argent, Marius, je n'y ai jamais songé.

— Tu as tort. Il faut, avant tout, savoir ce que l'on peut être dans la vie. Tu es un bon parti, et tu dois comprendre que cela te classe parmi les personnes indépendantes dans la société.

— Soit ; mais que ferai-je de cette indépendance ?

— Ce qu'en font toutes les femmes : tu te marieras.

— C'est-à-dire que je me dépêcherai de renoncer à cette indépendance si précieuse ?

— Tu te fais du mariage une idée fausse. Ce sont les malheureux et les petites gens pour qui le mariage est un joug. Les gens comme il faut ne songent pas à s'opprimer mutuellement.

— Qui les en empêche ?

— Quelque chose de très-fort et qui gouverne le monde : le savoir-vivre.

— Voilà tout ?

— Voilà tout, mais c'est tout. Tu crois à la religion, à la vertu, à l'amour peut-être ?

— Eh bien, et toi ?

— Moi, je crois à toutes ces choses aussi, mais en tant qu'elles font partie de la chose principale que j'appelle le savoir-vivre, c'est-à-dire le respect de soi et la crainte de l'opinion.

— Tout cela me paraît bien froid, Marius !

— Ma chère, il n'y a que le froid qui conserve, le chaud corrompt tout.

— Ainsi, je dois, avant tout, chercher mon mari dans le monde du savoir-vivre?

— Oui, dans le monde dont tu es, et dont tu ne pourrais cesser d'être sans tomber dans une sorte de déchéance très-honteuse.

— Pourtant il y a, en dehors de ce monde-là, de grands esprits et de grands caractères?

— Méfie-toi de ce qui est grand. La mer est grande, et c'est le nid aux orages. Si tu veux une destinée héroïque et difficile, ne me consulte pas, je n'ai pas le goût du compliqué et du surnaturel. Je vois le bonheur dans la convenance, ce qui est simple comme bonjour. Pas de vaine ambition, pas d'idées quintessenciées! le bon sens pratique, les mœurs douces, les relations agréables, de la bienveillance et du bien-être; la moquerie pour toute vengeance contre les sots, les égards et les soins aimables pour les gens qu'on aime; du loisir, du calme pour élever ses enfants dans un milieu honoré et paisible : que faut-il de plus à deux esprits bien faits, à deux créatures raisonnables?

A force de revenir sur ce sujet, Marius me persuada qu'il était dans le vrai, et je me pris à rougir tout à fait de mes chimères. Je commençai à faire l'examen de ma conscience dans le passé et à voir que j'avais fait fausse route. Je me rendis compte de mes coquetteries instinctives vis-à-vis de Frumence, et je ne m'en consolai qu'en espérant qu'il ne s'en était jamais aperçu. Puis je me demandai ce qui fût arrivé, s'il eût été un ambitieux, un homme sans principes, ou seulement un caractère faible. Je vis devant moi l'épouvante d'une situation inavouable, des douleurs ridicules comme celles de Galathée, l'anathème du monde, le blâme de Jennie, le désespoir de ma grand'mère. Et tout cela eût pu m'arriver en dépit de l'innocence de mon âme et de la pureté de mes intentions! Je me blâmai sévèrement, et je tâchai de me réconcilier avec moi-même en me disant que Marius me sauvait des vaines illusions : je devais lui en savoir gré.

Ma tête travaillait bien un peu sur tout cela, et, pour devenir calme, je faisais de grands efforts qui retardaient le calme. La première fois que je revis Frumence après la confession que je lui avais arrachée, je le revis avec d'autres yeux. Sa beauté physique, qui était réelle et qui m'avait toujours été indifférente, me sembla exprimer une valeur intellectuelle plus grande que je ne l'avais soupçonnée. Je me sentis irritée des regards de possession ardente que Galathée égarait sur lui. Je fus sérieuse et retenue avec lui comme jamais je ne lui avais fait l'honneur de l'être. Je l'étudiai sous le rapport de ce fameux savoir-vivre que Marius estimait si haut, et je trouvai qu'avec ses manières simples et son langage aisé Frumence avait l'aspect le plus distingué et les expressions les plus pures. J'en fis part innocemment à Marius, qui me répondit :

— Certes, Frumence est un garçon convenable et rempli de tact; c'est la science et la vertu des subalternes.

Je fus choquée du mot et je le fis voir. Marius se prit à rire et me demanda si je marchais sur les traces de Galathée. Je fus si offensée de la comparaison, qu'il dut m'en demander pardon.

Cette petite querelle se renouvela pourtant, et j'en fus plus troublée qu'il ne fallait. Je pensai à Frumence malgré moi aussi souvent qu'à l'époque où j'y pensais volontairement pour le plaindre. Je ne planais plus sur lui, je n'étais plus l'ange de sa rêverie. Il devenait l'hôte importun, inexplicable, menaçant peut-être de la mienne. Je ne l'aimais pas, non certes, je ne pouvais pas l'aimer ; mais il était le représentant de l'amour fort et vrai, fidèle et soumis, tel que je l'avais conçu dans ma phase romanesque, et, quand je me reportais à cette heureuse époque où j'étais tout près de croire à des destins sublimes, je la regrettais et trouvais la réalité triste et plate. Bien souvent je m'écriai dans la solitude :

— Est-ce donc la peine de vivre?

Le mal s'aggravant, je fis un véritable effort de courage : je résolus de me priver des leçons et des entretiens de Frumence. J'y fus aidée par le départ de Galathée, à qui Marius, cédant à mes prières, voulut enfin parler raison. Frumence lui-même commençait à s'apercevoir de l'amour de cette fille et à s'en montrer très-importuné. Marius se chargea de la dissuader et de la sermonner. Prise au sérieux pour la première fois, c'est alors qu'elle se crut trahie et raillée. Elle nous fit une scène de désespoir et s'en alla toute seule, un beau matin, retrouver sa mère, qui la gronda et nous la ramena le soir même. Jennie fut forcée de faire pressentir la vérité. Madame Capeforte ne montra pas sa colère, elle remercia humblement Jennie de ses bons avis, et Marius des *bontés* qu'il avait eues pour « sa pauvre enfant trop candide. » Elle s'en alla, nous bénissant tous, mais profondément humiliée, et nous jurant une haine implacable.

Je saisis l'occasion pour déclarer à Jennie que je ne croyais pas devoir continuer à me rendre aux Pommets le dimanche. Il me paraissait probable que Galathée, dans quelque accès d'idiotisme, avouerait à sa mère combien elle était jalouse des « préférences » de Frumence pour moi, et dès lors madame Capeforte mettrait sur mon compte le tort ou le ridicule de l'aventure. Jennie comprit que j'avais raison, et se chargea de dire à ma grand'mère ce qui s'était passé.

J'entrai donc du jour au lendemain, et par ma propre volonté, dans une nouvelle phase de mon existence, la solitude morale, et je me risquai à porter sans l'aide de personne le terrible fardeau d'un cœur troublé et inoccupé. Je ne mis pas d'affectation à fuir Frumence. Il venait avec son oncle, qui nous disait la messe à Bellombre les grands jours fériés. Je le rencontrais quelquefois aussi dans mes promenades, et je l'abordais amicalement ; mais, comme j'étais toujours à cheval et lui à pied, nous nous quittions après avoir échangé quelques mots. Je ne lui envoyais plus mes extraits, je ne le consultais plus sur rien.

Marius eut, je crois, à Toulon, une petite affaire de cœur en ce temps-là, et, sous divers prétextes, ses visites hebdomadaires devinrent tout au plus mensuelles. Jennie avait si peu encouragé mon besoin d'expansion, que je ne lui parlai plus de mes perplexités. Je m'absorbai avec elle dans les soins à rendre à ma grand'mère, auprès de qui je travaillais presque tout le temps qu'elle était levée. Le soir, quand elle se retirait, — et c'était toujours de bonne heure, — je lisais encore un peu dans ma chambre. A six heures du matin, j'étais à cheval avec Michel jusqu'à dix, ou seule, à pied dans notre vaste enclos, d'où je sortais bien un peu pour passer de cette solitude à la solitude de nos ravins, plus cachés et plus déserts encore.

Je devins si studieuse et si rêveuse, que Jennie s'en alarma; mais il fallut me laisser faire. Je ne pouvais plus vivre dans cet isolement terrible sans y développer mon intelligence avec passion. J'étudiai les langues anciennes, les sciences naturelles et la philosophie. Je lus les livres les plus sérieux, j'abordai la géométrie. Je trouvai moyen de remplir mes journées et peu à peu de ne pas les trouver assez longues pour tout ce que je voulais connaître, ou tout au moins comprendre dans la nature et dans l'humanité.

Je devins un esprit assez fort pour mon âge et pour mon sexe, ce qui ne m'empêcha pas de souffrir beaucoup du vide de mon cœur; plus je travaillais à refouler ses aspirations, plus il reprenait ses droits dans les jours de révolte. J'arrivai à le regarder comme mon pire ennemi et à le traiter comme un coupable. Dieu sait pourtant qu'il n'avait pas cessé d'être pur, et qu'il ne revendiquait qu'une affection exclusive et sainte; mais où la placer? Ma raison lui répondait qu'elle n'avait pas de placement à lui offrir, et que l'amour sans but était un instinct dangereux qu'il fallait étouffer. Le travail intellectuel me fut une immense ressource, et, quand j'entreprenais une nouvelle étude, c'était avec tant de plaisir et d'ardeur que je me croyais à jamais calmée, à jamais triomphante ; mais des circonstances extérieures qu'il n'était pas en mon pouvoir d'empêcher ramenaient le trouble.

Ma grand'mère désirait me marier, et de temps en temps ses amis, M. Barthez, M. de Malaval, le docteur et quelques autres, venaient l'entretenir de vagues projets ou lui proposer des partis tout prêts à se présenter. Elle me consultait ou me faisait consulter par Jennie ; mais tout ce que l'on me disait de ces prétendants me déplaisait. Avant tout, je voulais ne jamais quitter ma grand'mère et m'assurer qu'on ne me séparerait pas de Jennie, et c'était là le difficile : les uns étaient marins, des êtres sans domicile et sans indépendance, qu'il eût fallu suivre ou rejoindre de rivage en rivage ; d'autres avaient des familles qu'ils ne pouvaient me sacrifier. On m'en nomma que j'avais rencontrés et qui me furent antipathiques dès que l'idée de tomber sous leur dépendance fut associée à leur souvenir. Ils me déplaisaient mortellement par la seule raison qu'ils ne m'avaient plu que médiocrement. La situation d'une fille à marier a ses angoisses et ses périls dont les hommes ne tiennent pas grand compte. Ils sont portés à trouver dédaigneuse et fantasque celle qui, sans avoir rien à leur reprocher, n'éprouve pas pour eux une sympathie soudaine. Moins difficiles que nous parce qu'ils savent qu'ils seront toujours nos maîtres, pour peu qu'ils aient quelques avantages personnels ou sociaux, ils pensent nous faire honneur en nous offrant leur protection. Nous qui savons qu'il faudra, en étant à eux, cesser d'être à nous-mêmes et à nos parents, nous avons grand'peur de cet étranger qui vient nous acheter et qui bien souvent nous marchande. Le désir et la curiosité de l'enfance font plus de mariages que le discernement. A quinze ans, on fait peu d'objections; à vingt ans, on s'épouvante, et j'avais déjà cet âge-là quand les propositions devinrent sérieuses.

Je dois dire, au reste, qu'elles furent en petit nombre. Quelque réservée que je fusse, ma réputation de fille savante, très-raillée et très-incriminée par madame Capeforte et les siens, très-vantée et très-exagérée par M. Barthez et par ses amis, éloigna beaucoup les prétendants. Dans notre province, on est un peu barbare; on a beaucoup de préjugés, de l'esprit et de l'imagination certainement, mais peu de culture et des mœurs rudes. Ensuite, j'appris indirectement et peu à peu que ma position romanesque d'enfant perdu et retrouvé inspirait des inquiétudes assez graves, et que la malveillance les exploitait contre moi. Les folies de Denise avaient trouvé de l'écho, et il ne faut pas demander par qui, du fond de son hospice d'aliénés, les paroles incohérentes de cette pauvre fille étaient colportées et commentées. Ces propos tendaient à faire croire que j'étais la fille de Jennie, et qu'en se flattant de me léguer sa fortune ma grand'mère nourrissait une chimère.

Pourtant M. Barthez, qui était son meilleur et son plus véritable ami, affirmait que, de toutes façons, mon avenir était aussi assuré que possible. Marius, qui s'en était préoccupé à ma requête, paraissait n'en pas douter, et Jennie, à qui je n'osais plus en parler que bien peu et bien rarement, tant je craignais de paraître soupçonner sa délicatesse, avait des affirmations si calmes, sa parole m'était si sacrée, que je regardais toute contestation sur mon identité comme une vaine et absurde clameur dont je ne devais pas me tourter un seul instant. Le croira-t-on? je m'en tourmentais si peu, que je me prenais quelquefois à mépriser la sécurité de mon existence. Dans mes jours de spleen, j'eusse aimé à voir mon avenir menacé de quelque catastrophe qui eût donné carrière à ma volonté sans objet dans le présent. Il ne me déplaisait pas de rêver que j'étais un enfant du peuple destiné à retourner tôt ou tard à une vie de labeur et d'obscurité.

Et dans ce rêve, — je suis ici pour tout confesser, — j'entrevoyais un ami, un compagnon, un époux tel que Frumence, pauvre, inconnu, stoïque, travaillant de ses mains sous le soleil des jours et de son intelligence dans le silence des nuits. Un être réellement fort et courageux, dévoué jusqu'à l'oubli complet de soi-même, trempé dans le Styx et plus heureux de son devoir accompli que de toutes les faveurs de la gloire et de la fortune. Ce fantôme semblable à Frumence, ce n'était pas lui pourtant, ce ne pouvait pas être lui, puisqu'il aimait Jennie, et, d'ailleurs, je ne voulais pas que ce fût lui; mais quiconque ne lui ressemblait pas à s'y méprendre ne me paraissait pas digne de ma confiance et de mon estime.

Cette préférence intellectuelle n'était pas une préoccupation constante. Je dois dire toute la vérité, ou du moins tout ce que je sais de cette énigme de ma vie. Je passai des jours, des semaines, des mois sans penser à Frumence, et, quand j'y pensais, c'était toujours avec une tranquillité morale de plus en plus assurée. Jennie ne me le rappelait guère. Plus absorbée encore que moi par sa tâche quotidienne, elle ne semblait jamais songer à lui, et, quand elle en parlait, c'était toujours à propos de quelque détail positif ou de quelque fait en dehors d'elle-même. Chaque jour écoulé sur cette éventualité de leur union semblait la rendre plus invraisemblable à ses yeux. Elle comptait ses années, et, si je venais à lui dire qu'elle était toujours beaucoup plus belle et presque aussi jeune que moi, elle haussait les épaules et répondait :

— Y songez-vous ? j'ai trente-trois ans !

J'ai bien compris plus tard pourquoi Jennie mettait ainsi toute la force morale dont elle était si largement douée à repousser l'idée de l'amour. Voyant que, par mon caractère et par ma situation, je n'étais pas facile à marier, elle ne voulait pas me donner le spectacle ou seulement l'idée d'un bonheur étranger au mien. Elle réussit presque à me faire oublier que Frumence aspirait à ce bonheur quand même, et qu'à l'attendre indéfiniment il trouvait une satisfaction digne d'elle et de lui.

J'essayai d'imiter ces deux êtres d'élite et de me désintéresser de moi-même pour ne vivre que par le sentiment du devoir. Hélas ! j'étais trop jeune pour accomplir sans efforts et sans rechute un si grand sacrifice. L'ennui me dévorait, l'ennui dans une vie aussi active et aussi studieuse que la mienne ! Eh bien, oui, c'était de l'ennui. Il y avait dans le jour des moments où les livres les plus attachants me tombaient des mains comme s'ils eussent pesé autant qu'une montagne; à la promenade, il me prenait des envies furieuses de franchir des abîmes ou de me jeter sur l'herbe et de sangloter. La nuit, je voyais un spectre sans figure et sans nom se pencher sur mon épaule et m'arracher la plume des mains. Ce fantôme s'attachait à moi, je l'entendais me dire à l'oreille : « Prends garde! entre le chemin que tu suivais autrefois et celui qu'il faudrait prendre aujourd'hui, il y a un abîme, un chemin qui ne conduit à rien. »

Un jour vint où je me sentis si effrayée de cette obsession, que j'espérai m'en délivrer en me jetant dans les bras de Marius : c'était le vertige de l'impasse.

XXXIV

Il avait rompu son amourette à Toulon, et il redevenait assidu chez nous. Cette petite campagne dans le monde de l'émotion ne l'avait pas changé d'un iota; il me disait comme auparavant, comme il m'avait toujours dit : « Le bonheur, c'est l'absence de soucis; c'est un état négatif. »

J'écoutai une dernière fois ses théories inébranlables, j'enviai sa placide indifférence, et je lui demandai avec une hardiesse triste s'il ne pensait pas qu'à nous deux nous pourrions un jour réaliser son rêve. Sa surprise parut extrême.

— Ah çà, répondit-il en riant d'un rire nerveux, j'espère que tu ne vas pas me dire que tu es éprise de moi?

— Sois tranquille, je ne le suis pas. Je te connais et je me connais assez moi-même à présent pour voir qu'on peut parler du mariage comme de toute autre chose raisonnable. As-tu quelquefois songé que nous pouvions nous marier, si bon nous semblait?

— Ce ne serait pas si aisé que tu le penses. Je suis ton égal pour la naissance, et le mariage me ferait ton égal pour la fortune; mais ta grand'mère, qui n'a plus d'initiative et qui a peut-être encore un peu d'ambition pour toi, aurait besoin de ton initiative, à toi, pour se décider.

— Cela revient à dire que tout dépend de moi.

— Et de moi, s'il te plaît!

— Sans doute, et voilà ce que je te demande. Serais-tu content d'être mon mari?

— Attends que j'y pense.

— Ce sera donc la première fois? Sois sincère !

— Je veux être sincère. J'y ai pensé cent fois. Il n'en pouvait pas être autrement. Tu es certainement la personne que j'aime le mieux au monde, ce qui ne veut pas dire que je mourrai de désespoir si tu en épouses un autre, un autre plus riche, plus instruit et plus aimable; c'est ton droit. Et c'est parce que je t'ai toujours reconnu ce droit-là que je n'ai jamais pensé à toi comme à quelqu'un dont on fait dépendre sa vie. Est-ce clair?

— Oui, et c'est parfaitement raisonnable.

— C'est raisonnable et loyal.

— C'est conforme au savoir-vivre.

— Ah! Lucienne, je t'y prends! tu y mets de l'ironie, ma petite!

— Non, je me conforme à ton vocabulaire pour éviter les malentendus.

— Écoute, ma fille : si c'est une épreuve que tu veux tenter, épargne-toi cette peine. Je ne te ferai jamais la cour, c'est-à-dire que je ne te ferai jamais de mensonges. Je ne ferai pas des yeux blancs et des soupirs à faire tourner les moulins de Galathée. Je ne me ferai jamais berger, je ne te prendrai jamais les mains et jamais je ne te demanderai un doux baiser sous l'ombrage. Tu

ne me verras jamais un genou en terre devant toi.
Outre que ce serait fort bête, ce serait fort mal. Tu
n'es plus un enfant; tu sais qu'une jeune fille,
si bien élevée qu'elle soit, sans avoir des sens
comme Galathée, peut avoir des nerfs; et moi, je
sais qu'un homme bien né ne doit pas chercher à
surprendre les nerfs ou les sens d'une jeune fille
sans avoir sa confiance entière, librement accordée
sous l'empire de la raison. Voilà où je ne suis pas
un rustre et où tu pourras reconnaître que le
savoir-vivre dont je me pique est la véritable
vertu d'un garçon de mon âge.

Je fus très-satisfaite du langage de Marius. Quoique j'en pusse dire et penser, *j'aimais le grand*;
nous étions des enfants de l'Empire, et, toute
légitimiste que l'on m'avait faite, les fumées de
l'héroïsme flottaient encore dans mon cerveau.
Je m'imaginai voir quelque chose de très-grand
dans la froideur systématique de Marius, et le fantôme de Frumence m'apparut plus forcé que
sincère. Marius était naïf dans sa philosophie; son
stoïcisme, c'était lui-même en chair et en os. Je
pris le néant pour la puissance.

— Je suis contente de toi, lui répondis-je. C'est
ainsi que je comprends l'estime réciproque que
nous nous devons. Il te reste à me dire si, en
supposant que j'eusse l'initiative nécessaire auprès

de ma bonne maman, tu m'en saurais véritablement gré.

— Comment l'entends-tu?

— Serais-tu véritablement heureux à ta manière en partageant ma vie?

— Oui, si ta vie doit rester ce qu'elle est.

— Comment l'entends-tu à ton tour?

— C'est-à-dire si tu penses pouvoir rester dans les idées justes que tu as maintenant et prendre confiance tout à fait dans les miennes.

— J'ai confiance dans ton caractère, et je désire conserver des idées justes. Que puis-je te dire de plus?

— Eh bien, nous en reparlerons, nous nous consulterons à loisir, et, si dans quelque temps nous sommes contents l'un de l'autre, nous nous arrêterons à l'idée de ne plus nous quitter; si, au contraire, nous reconnaissons qu'elle n'est pas réalisable, nous la rejetterons sans cesser de nous estimer et d'être les meilleurs amis du monde : cela te va-t-il?

— Parfaitement.

A partir de ce moment, je me crus en possession d'un véritable repos d'esprit. Je pensai à Marius comme j'aurais pensé à acquérir une maison saine et solide, ou une bibliothèque destinée aux loisirs simples et sérieux de toute ma vie. Je recouvrai le sommeil, ma tristesse se dissipa. Je fis des projets de bonheur pour les autres. Je gardais Jennie près de moi et je lui faisais épouser Frumence, qui devenait le précepteur de mes enfants. Marius rendait pleine justice à ces bons amis. Je ne serais jamais séparée d'eux. Je n'aurais jamais d'autre domicile que celui de ma chère grand'mère. Je ne serais jamais séparée d'elle non plus, vivante ou morte. Je conserverais religieusement les choses créées et arrangées par elle; je vivrais dans la religion des souvenirs.

Marius tint sa promesse : il ne me fit pas la cour; mais mon air grave et décidé lui donna confiance. Il fut plus aimable qu'il ne s'était jamais donné la peine de l'être. C'était une déférence soutenue, des attentions constantes, une obligeance fraternelle sans aucune affectation et qui n'avait rien de prémédité. Il semblait subir, sans le savoir, le charme d'un sentiment plus délicat que nos habitudes de camaraderie. Il était parfait pour ma grand'mère, qui le reprenait en amitié et recommençait à le gâter. J'y aidais de mon mieux. Je trouvais fort doux de pouvoir, moi aussi, gâter quelqu'un, et j'abandonnais mon cœur à une amitié qui me paraissait devoir remplacer l'amour avec avantage.

Je ne veux être ni ingrate ni injuste envers

Marius. Il fut, je le crois, de très-bonne foi, en ce sens que, voulant tenir de moi son bonheur, c'est-à-dire l'aisance, les petits soins et la sécurité, il était bien décidé à m'en récompenser par de la douceur, des égards et les mille petites condescendances de la vie intime. Il n'eût pas fallu, il ne fallait rien lui demander en dehors de sa nature, et ne pas chercher à lui faire comprendre ce qui dépassait son horizon. Avec une femme sans imagination et sans vive sensibilité, il eût été le modèle des époux. Je m'efforçais de devenir semblable à lui et de changer mes instincts : il pouvait bien s'y tromper et me promettre avec sincérité de me rendre heureuse. D'un dimanche à l'autre, notre mutuelle confiance faisait insensiblement du progrès. Il obtint, à l'automne de 1824, un congé d'un mois qui nous lia tout à fait. Il aimait la chasse, et, comme il tenait à garder son indépendance, il affecta d'abord d'y aller tous les jours, pour voir si j'en serais piquée. Je ne le fus que de voir qu'il me soumettait à une épreuve, et je n'en fis rien paraître. Il m'en tint compte et n'y retourna plus. Il passa tout son temps près de moi, feuilletant mes livres, les critiquant un peu à tort et à travers et paraissant s'y intéresser quand même, me conseillant dans les soins du ménage comme un homme qui s'entend à tout simplifier, m'aidant à distraire ma grand'mère, m'accompagnant à la promenade sans paraître chercher le tête-à-tête, mais sachant le faire naître et en profiter pour me faire apprécier l'avenir tel qu'il l'entendait.

XXXV

Je désirais consulter Jennie; Marius m'en empêcha et me prouva que c'était son droit de ne souffrir aucune influence entre lui et moi.

— Je ne veux pas plus qu'on te parle en ma faveur, me dit-il, qu'à mon préjudice. Je crois que Jennie m'estime maintenant, et je suis presque certain qu'elle te conseillerait de me choisir ; je crois la même chose de Frumence ; mais me vois-tu d'ici acceptant ta confiance de seconde main et la caution de nos amis auprès de toi? Non, je ne souffrirai pas cela : j'en serais humilié. Je ne t'ai pas demandé d'être ton mari; jamais je ne t'en aurais parlé, quand bien même je l'eusse désiré passionnément, ce qui n'est pas dans mes cordes. L'idée est venue de toi, et elle peut être bonne ; mais je ne veux te devoir qu'à toi-même, et tant qu'il te restera la plus petite hésitation, je m'en tiens au rôle de frère, que je trouve très-facile et dont j'ai l'habitude.

Il eut d'autres fiertés qui me plurent. Il ne voulut jamais reprendre son cheval, qui était devenu mien, et il employa ses économies à s'en procurer un autre, afin de m'escorter à la promenade et de me prouver qu'il gagnerait toujours assez pour se vêtir et se monter.

— Un homme n'a pas grand'peine à se donner, disait-il, pour n'avoir besoin de personne. Si je reste pauvre, j'aurai assez d'ordre pour qu'il n'y paraisse pas, et, si je n'ai pas de bonheur, j'aurai l'air de n'être pas malheureux.

Un jour, nous allâmes revoir le Regas. Il m'aida à grimper, et, quand je fus en haut, il redescendit chercher Jennie, qu'il aida tout aussi consciencieusement, pour me bien prouver qu'il ne me faisait pas la cour. J'eus envie de certaines fleurs ; il gravit des roches difficiles et fit un gros bouquet qu'il me jeta, au lieu de me l'apporter. Jennie s'en étonna un peu.

— Lucienne sait bien, lui dit-il en redescendant, que je ne suis pas galant, mais complaisant avec elle.

Cette manière de m'attirer à lui en feignant de se croiser les bras toucha ma fierté. Un jour que nous étions assis sur les rives du petit lac de la Salle verte, il nous vint des souvenirs d'enfance, et il y eut comme un léger attendrissement chez lui.

— Te rappelles-tu, me dit-il, qu'en ce lieu même, il y a six ans, tu m'as demandé si je croyais possible que nous eussions un jour de l'amour l'un pour l'autre? Eh bien, nous avons beaucoup mieux, nous avons la vraie amitié, et nous pensons au mariage comme à la plus grande preuve d'estime que nous puissions nous donner.

— Es-tu décidé, Marius?

— Je suis décidé et archidécidé à trouver bon le parti que tu prendras, que ce soit oui ou non.

J'essayai de comparer en moi-même la fermeté de Marius vis-à-vis de moi à celle de Frumence vis-à-vis de Jennie; mais je sentis que ce n'était pas la même chose, et je ne voulus pas y songer trop. Je ne sais si je comprimai un dernier soupir d'adieu au rêve de l'amour, mais je pris une résolution énergique pour m'en délivrer.

— Demain, dis-je à Marius, je ferai savoir à ma grand'mère que j'ai résolu de t'épouser, si elle y consent.

— Mais si elle dit non?
— Pourquoi dirait-elle non?
— Supposons toujours.

— Je la prierai de dire oui, et j'y reviendrai tous les jours jusqu'à ce qu'elle le dise.

— Alors, elle le dira; car jamais elle n'a voulu que ce que tu veux.

— Ainsi, nous voilà fiancés?

— Oui, répondit Marius.

Et, quittant mon bras, il s'éloigna brusquement.

J'étais fort surprise. Il revint un instant après.

— Pardonne-moi, me dit-il. Je crois que j'étais ému, et j'ai craint, en te remerciant tout de suite, de te dire des bêtises. C'est devant ma tante, quand elle aura consenti, que je dois te dire combien me touche ta générosité de cœur. Autrement ce serait mal, et je ne dois pas me conduire comme un enfant.

Un mois plus tard, après quelques hésitations, quelques conférences avec Jennie, quelques renseignements pris de nouveau à Toulon sur la conduite de Marius, ma grand'mère disait oui. Jennie partageait ma foi dans Marius, Frumence me complimentait sérieusement de mon choix. Tous trois pensaient que j'avais toujours aimé mon cousin, et qu'il en était venu à le comprendre et à le mériter. Ma bonne maman dispensa Marius de toute effusion de reconnaissance en lui traçant une sorte de cérémonial religieux et touchant.

— Ne dites rien, mon enfant, lui dit-elle; mettez-vous à genoux devant moi, et, les mains dans les miennes, jurez-moi de rendre ma fille heureuse !

Marius obéit d'un air très-recueilli et demanda la permission de m'offrir une bague en diamants qui lui venait de sa mère.

— Vous ne l'avez donc pas vendue, mon fils? lui dit ma bonne maman attendrie, et pourtant vous avez eu un moment de gêne! Eh bien, voilà une délicatesse qui me touche, et vous en êtes bien récompensé aujourd'hui en la voyant au doigt de Lucienne.

On servit le dîner, et j'y vis apparaître M. Costel et Frumence, les seuls confidents de nos fiançailles. Il avait été décidé avec eux que tout serait tenu secret jusqu'à l'arrivée du consentement de mon père, à qui l'abbé devait écrire tout de suite au nom de ma bonne maman. Marius devait partir le soir même pour Toulon et ne plus revenir chez nous que l'autorisation paternelle ne fût donnée. Ainsi l'exigeaient les convenances de famille, et nous les acceptâmes sans objection.

Le dîner commença gravement. Ma grand'mère s'efforça de l'égayer autant que ses infirmités lui permettaient de se mêler à une conversation dont elle ne saisissait que quelques mots. La seule personne qu'elle entendit toujours, c'était Jennie, qui connaissait, disait-elle, sa bonne oreille. Hélas! laquelle? Mais Jennie se tenait debout derrière sa chaise et lui jetait adroitement le mot de repère pour la mettre au courant. Ma bonne maman devinait le reste et riait. Elle voulut boire deux gouttes de vin muscat, et elle se sentit plus forte. Elle nous dit d'excellentes choses avec beaucoup d'esprit. Son jugement était toujours parfaitement sain. L'abbé fut aussi très-bon et très-sensé. Frumence eut de l'éloquence pour Marius, qui n'eut que de l'à-propos et des reparties aimables.

Jennie se tenait à quatre pour nous paraître enchantée, mais je surpris de l'émotion et je ne sais quelle inquiétude sur son visage. Je crois qu'elle trouvait Marius trop paisible. Quant à moi, je jouais à merveille mon rôle d'accordée; je me sentais investie d'une dignité nouvelle, et j'avais à garder à Marius ma promesse de sérénité inébranlable. Pourtant deux ou trois fois une émotion douloureuse, une terreur atroce m'étreignirent le cœur; le sang me monta au visage, la crainte de m'évanouir me rendit pâle comme la mort, des sanglots s'amassèrent dans ma poitrine. Pourquoi? Il m'eût été impossible de le dire; mais cela était ainsi, et, pour qu'on ne s'en aperçût pas, je souffris le martyre.

XXXVI

J'ai terminé la longue et fidèle analyse de mon développement intellectuel et moral. Je dois le résumer en peu de mots. J'avais débuté par une phase de tendance au merveilleux, résultat inévitable des circonstances anormales exploitées devant moi par les mystiques extravagances de ma nourrice. Jennie m'avait apaisée. Grâce à elle et aux leçons de Frumence, j'avais atteint tranquillement et avec profit l'adolescence. Alors, j'avais été un peu abrutie du côté du raisonnement, en même temps que surexcitée du côté de l'imagination par les romans de miss Agar. Frumence m'avait encore guérie par l'instruction réelle et solide; mais c'était le moment où mon cœur cherchait à tâtons, pour ainsi dire, le but de sa vitalité, et j'avais conçu un bizarre mélange de stoïcisme et de poésie. Puis le désenchantement s'était produit à la suite d'une déception de ma vanité. J'avais failli regretter Frumence, et, rougissant de moi, j'avais châtié mon cœur en voulant le tuer. Je m'étais jetée dans l'amitié calme et dans le mariage de raison ennobli par un sentiment de générosité envers mon pauvre cousin.

Telle que j'étais, j'avais acquis, dans une vie monotone et paisible à la surface, l'expérience de moi-même et la force secrète que procurent des souffrances ou des agitations internes assez vives. Je m'étais trop aimée et appréciée trop haut. Je ne m'aimais plus assez, je faisais trop bon marché de moi-même, mais j'avais de l'énergie. J'étais sérieuse, sincère, désintéressée à l'excès et encore assez vaillante pour supporter les vicissitudes inattendues d'une destinée exceptionnelle.

Ce fut un jour marqué par la fatalité que celui où ma première initiative extérieure amena mes fiançailles avec Marius. Le dîner dura plus longtemps que de coutume ; mes alternatives de terreur et de victoire sur moi-même menaçaient de se trahir, et j'étais véritablement impatiente d'aller m'enfermer avec Jennie, pour pleurer dans son sein et recevoir d'elle l'explication ou l'apaisement de mon trouble. L'abbé Costel, qui devait coucher à la maison, mais qui n'avait pas l'habitude de veiller, eût souhaité qu'on sortît de table, afin qu'il pût écrire la lettre solennelle à mon père. Ma grand'mère ne paraissait plus y songer, quand Jennie me fit remarquer qu'elle était un peu rouge et s'endormait, le sourire sur les lèvres. Nous la conduisimes au salon, où elle dormit tout à fait dans son grand fauteuil. Ce n'était pas dans ses habitudes.

— Elle s'est un peu trop agitée aujourd'hui, dit Jennie, il faut la laisser reposer.

Et, se mettant à genoux devant elle, elle soutint sa tête qui penchait en avant.

— Monsieur l'abbé, faites votre brouillon de lettre, ajouta-t-elle. Quand madame s'éveillera, on le lui fera entendre, et, si elle l'approuve, vous écrirez demain matin, puisque aussi bien ça ne partirait pas ce soir.

L'abbé se mit à écrire en consultant Marius sur ses nom, prénoms et qualités, et Frumence, assis à la même table, aidait son oncle à mettre de la clarté dans sa rédaction et à combattre le sommeil.

En ce moment, la porte s'ouvre avec précaution, et Michel me fait signe d'aller à lui. Croyant qu'il s'agissait de quelque détail de ménage, je passe dans la salle voisine, où je trouve notre parent, M. de Malaval, avec M. Barthez.

— Ce n'est pas à vous, ma chère enfant, que j'aurais voulu parler d'abord, dit ce dernier en me serrant la main. On m'a dit que l'abbé Costel était là : puis-je le voir et l'entretenir sans que votre bonne maman s'en aperçoive ?

Je répondis que ma grand'mère dormait et que j'allais appeler l'abbé.

— Inutile ! dit M. de Malaval en m'arrêtant.

Et, s'adressant à M. Barthez :

— Elle n'a pas beaucoup connu son père, cette chère Lucienne?

— Elle ne le connaît pas du tout, répondit M. Barthez.

— Ah! pardon! reprit M. de Malaval, qui, on se le rappelle, n'avait jamais de souvenirs conformes à la vérité; lorsqu'il est revenu en France à l'époque... Attendez... C'était en 1807. J'en suis sûr, je l'ai vu; il m'a dit...

— Ce n'est pas le moment de rêver des choses qui ne sont jamais arrivées, reprit M. Barthez avec impatience. Le marquis n'est jamais revenu de l'émigration, et Lucienne ne l'a jamais vu.

— Si vous vous figurez cela, dit M. de Malaval, raison de plus pour...

— Vous avez un malheur de famille à nous apprendre? m'écriai-je en m'adressant à M. Barthez. Mon père?...

— Vous ne l'avez jamais vu, mon enfant? répondit-il. Eh bien, vous ne le verrez jamais !

Je fus plus frappée de cette réflexion que de la nouvelle en elle-même, et ce que notre ami croyait être une consolation pour moi fut une amertume. J'avais besoin de pleurer, mes larmes trouvèrent cette issue. Marius, qui était près de la porte entr'ouverte, me vit et accourut près de moi.

Après lui avoir fait refermer cette porte, M. de Malaval, redressé à chaque instant par M. Barthez, vint à bout de nous apprendre qu'il avait reçu dans l'après-midi la nouvelle de la mort du marquis de Valangis, nouvelle officielle, rédigée par l'avocat de sa famille, M. Mac-Allan. Mon père était mort dans sa propriété du Yorkshire, par suite d'une chute de cheval à laquelle il n'avait survécu que deux heures, sans recouvrer l'usage de ses sens. Ainsi je ne pouvais même pas me flatter qu'à son heure suprême il eût eu une pensée pour moi.

— Chargés d'apporter cette triste nouvelle à votre bonne maman, me dit M. Barthez, nous n'avons pas voulu le faire sans les ménagements convenables. A son âge, de pareilles crises sont dures à supporter. Nous allons donc nous retirer sans qu'elle nous voie, et c'est à vous, mes chers enfants, avec l'aide de l'abbé Costel et de la digne madame Jennie, de la préparer peu à peu. Vous choisirez le moment de santé convenable. Mettez-y quelques jours s'il le faut; rien ne presse absolument. Pourtant j'ai des raisons pour vous dire, Lucienne, que je voudrais pouvoir causer avec elle avant la fin de la semaine. Arrangez-vous pour qu'elle sache alors l'événement.

Comme nous les reconduisions, M. de Malaval,

voyant que j'étais bouleversée et sachant que Marius était positif, crut devoir lui indiquer à demi-voix une consolation à me donner.

— Allons, allons! lui dit-il, puisqu'elle a si peu connu son père (il tenait à ce que je l'eusse connu un peu), dites-lui donc qu'elle va être très-riche. Il laisse de son second mariage une demi-douzaine de petits Anglais, mais on assure qu'il laisse aussi une demi-douzaine de millions sterling.

— Vous n'en savez rien du tout, reprit M. Barthez; mais Lucienne est fort peu sensible à l'argent, et ce n'est pas le moment de lui en parler.

Je lui serrai la main et je rentrai avec Marius au salon, où ma grand'mère dormait toujours, appuyée sur l'épaule de Jennie, tandis que l'abbé, aidé de Frumence, continuait à rédiger cette lettre solennelle destinée à un mort.

Le contraste de cette tranquillité d'occupation dans le demi-jour de l'appartement avec le tableau tragique que la mort de mon père présentait à mon imagination m'ôta la force de parler. J'allai m'asseoir près de ma grand'mère pour relayer Jennie, à qui je fis signe d'aller auprès de la table, où Marius lui apprit, ainsi qu'à l'abbé et à Frumence, de quelle lugubre façon le consentement de mon père venait de nous arriver.

— Qui est-ce qui est mort? dit tout à coup ma

grand'mère en s'éveillant sur un mot que Marius avait trop articulé.

— Personne, dit Jennie, qui avait de la présence d'esprit pour tout le monde : je disais à Marius de ne pas parler si fort, parce que vous reposiez.

— Je ne crois pas avoir dormi, reprit ma grand'-mère. J'ai la tête lourde. Mes enfants, votre vieux vin et vos jeunes amours m'ont grisée. A demain la lettre. Il faut que je dorme tout de bon.

Jennie l'emmena, et, après quelques paroles d'affectueuse condoléance qu'il m'adressa, l'abbé se retira aussi. Frumence crut devoir me laisser seule avec mon fiancé.

— Eh bien, me dit celui-ci, pourquoi donc cette grande douleur, ma chère enfant ? *Il* ne s'est jamais conduit envers toi comme un père, et, s'il eût vécu, peut-être eût-il suscité des inquiétudes et des contrariétés à ta bonne maman à l'occasion de notre mariage. C'est triste à dire, mais cette mort subite est presque un événement providentiel pour nous aujourd'hui.

— Je ne sais pas, répondis-je, un peu blessée de ce langage, si la mort d'un père, quel qu'il soit, peut être regardée comme un bienfait de la Providence ; mais je sais bien que des fiançailles, si heureuses qu'elles paraissent, sont attristées et comme menacées par une nouvelle si grave.

— Écoute, Lucienne, reprit Marius, un peu blessé à son tour. Tu as l'air de me croire préoccupé d'intérêts positifs. Je te déclare que je n'ai jamais su que par ouï-dire la fortune attribuée à ton père; mais je me suis toujours dit que tu aurais certainement une part très-mince, peut-être nulle, à son héritage. Enrichi par le fait de sa seconde femme, il doit avoir pris des précautions pour assurer aux enfants qu'elle lui a donnés les biens qui leur viennent, soit d'elle, soit de lui. Je trouve cela très-naturel, et je n'ai aucun regret que les choses soient ainsi; mais, si je m'applaudis de voir qu'il n'y a pas d'obstacle entre nous, n'en conclus pas, je te prie, que je prends au sérieux les gasconnades de Malaval, et que je me réjouis des millions sterling qu'il annonce.

— Vraiment, Marius, je ne sais de quoi tu me parles; il s'agit bien de millions et d'héritages! Tu ne songes pas à la tâche qui nous est imposée à tous les deux, d'annoncer à ma pauvre grand'mère que son fils unique est mort sans lui dire adieu et sans recevoir sa bénédiction! Et si elle en mourait elle-même?

— Ce serait là un vrai malheur! reprit Marius en m'essuyant les yeux avec mon mouchoir; mais les larmes ne remédient à rien, et je t'aurais cru plus de courage dans les grandes épreuves...

Allons, va te reposer, te voilà toute consternée ! Moi, je vais trouver Frumence et régler avec lui un plan de conduite bien prudent pour ménager le coup fatal à ma pauvre tante. Cela est plus pressé et plus utile que d'en déplorer l'effet d'avance.

Il avait le ton sévère et un peu ironique. Je sentis qu'il prenait déjà possession de moi comme d'un enfant que l'on doit conduire par la main et pousser en avant dans la lutte de la vie. J'en fus effrayée, bien qu'il n'y eût réellement pas lieu de lui donner tort.

XXXVII

Je ne pus causer avec Jennie. J'allai la rejoindre auprès de ma grand'mère, qu'elle voulait veiller. Elle ne la trouvait pas bien. Son inquiétude passa en moi ; nous restâmes assises sans nous rien dire jusqu'à une heure du matin. Alors, Jennie m'envoya coucher malgré moi ; mais je ne dormis guère, et dès le jour j'allai voir ma bonne maman, qui dormait bien et avait repris son aspect accoutumé. Elle se leva, comme à l'ordinaire, avec toute sa tête, et demanda l'abbé, qui lui lut le brouillon de lettre rédigé la veille. Elle voulut signer d'avance la page blanche destinée à cette missive, puis elle prescrivit à Marius de s'en charger en retournant à Toulon, ainsi qu'elle l'avait décidé la veille. Marius feignit de s'en aller et revint, car il se sentait nécessaire, et je désirais aussi qu'il fût là à tout événement. Il se tint hors de sa vue, ce qui n'était pas difficile, la pauvre femme voyait si peu! J'avais dû lui diriger la main pour signer cette fatale lettre, qui ne devait jamais partir.

Dans la journée, la voyant très-calme, j'essayai de lui parler de mon père à propos de mon mariage. Elle avait coutume d'éluder ce sujet ou de répondre laconiquement. Par exception, elle répondit avec une émotion visible :

— Ton père, me dit-elle, est un étranger pour toi; mais il a beau nous avoir oubliées, il se souviendra de faire son devoir quand le moment sera venu. Et puis le temps est un grand conseilleur. Ton père est encore bien jeune, il n'a guère que quarante-quatre ans; il ne se dit pas que j'en ai plus de quatre-vingts, et que, s'il tarde trop à venir, il ne me trouvera plus; mais enfin je veux espérer encore qu'à l'occasion de ton mariage il va se décider à penser à nous.

— Ne nous flattons pas de cela, grand'mère, il

n'aime pas la France ; il a une autre famille, il ne me connaît pas...

— Et moi, il ne me connaît plus?... Ne me dis pas des choses si dures, ma petite! On n'oublie pas sa mère. Qu'il vienne ou non, laisse-moi l'illusion. Quand je n'en aurai plus, je mourrai.

Effrayée et attendrie de trouver ce cœur de mère si saignant encore, je dus reprendre mes paroles et feindre de partager ses espérances. Le lendemain, il fut encore plus impossible de songer à la détromper, et, le surlendemain, Jennie ne réussit qu'à raviver la tendresse endormie et à faire couler des larmes que j'eusse payées de mon sang.

— Ah! Marius, m'écriai-je en retournant auprès de mon fiancé, qui m'attendait au jardin, nous avons fait un crime! Nous avons voulu nous marier, c'est-à-dire mettre dans la vie de ma bonne maman un événement trop fort pour elle; nous voilà cherchant le moyen de lui porter un coup terrible pour hâter ses résolutions. Elle en mourra, je te le jure, et c'est nous qui l'aurons tuée!

— Eh bien, répondit Marius sans hésiter, épargnons-lui cette épreuve... Attendons six mois, un an, s'il le faut, c'est-à-dire s'il y a moyen d'empêcher la vérité d'arriver jusqu'à elle. Ce ne sera pas facile, il faudra faire bonne garde, Lucienne!

— Je m'en charge, et Jennie aussi. C'est, d'ailleurs, très-facile. Retourne à tes affaires, et sois sûr que je te tiendrai compte de la patience avec laquelle tu m'attendras.

— Je ne sais où tu prends que j'aie besoin d'une si grande patience, dit Marius. Nous sommes jeunes et nous avons du temps devant nous; j'ai ta parole, et tu as la mienne. Si tu perds ta grand'mère, tu ne dépends plus que de toi-même. Enfin, si tu veux te raviser,... tu sais que je suis l'homme des procédés et des choses de bon goût.

Notre épanchement tournait plus que jamais à la sécheresse quand M. Barthez arriva. Ce fut un dérivatif que Marius me parut apprécier surtout en ce moment-là. Je les laissai ensemble pour avertir ma bonne maman de la visite de son vieux ami, mais après avoir bien déclaré à celui-ci que je ne la trouvais nullement disposée à apprendre la fatale nouvelle, et en lui faisant promettre qu'il ne la lui annoncerait pas.

Quand je revins prier M. Barthez d'attendre qu'elle fût éveillée, je trouvai Marius dans un dialogue assez animé avec lui. M. Barthez n'ignorait pas nos fiançailles, et il s'en réjouissait. Il avait bonne opinion de l'esprit de conduite de Marius, et il se faisait un plaisir de lui donner des conseils pour sa gouverne. M. Barthez était un homme excellent, loyal, serviable, un peu imprévoyant, un peu atermoyeur comme la plupart des gens qui m'entouraient, et aussi comme beaucoup de Provençaux que j'ai connus. Je vis qu'il était occupé à rassurer Marius sur les éventualités auxquelles pourrait donner lieu la mort de mon père.

— Ne craignez rien, lui disait-il; outre que Jennie a des preuves qui répondent à certaines objections, il y a un testament aussi régulier que possible, où madame de Valangis a disposé en faveur de Lucienne de toute la quotité disponible, c'est-à-dire de la moitié de sa fortune, et, quant au reste, elle devait s'en rapporter à la bonne grâce et à la délicatesse du marquis. J'aurais préféré qu'elle assurât cet héritage à Lucienne sans la désigner comme sa petite-fille, parce qu'il pourrait y avoir matière à contestation sur son état civil, si on avait affaire à des personnes hostiles. Madame de Valangis a repoussé ce conseil comme une précaution injurieuse envers la générosité de son fils, et je n'ai pas dû insister.

— Mais son fils n'est plus, dit Marius, et ses héritiers pourraient être hostiles.

— Ses héritiers sont des enfants immensément riches du chef de leur mère : quel intérêt auraient-ils à dépouiller Lucienne d'une succession relativement minime? Ce que j'aurais souhaité aujourd'hui, c'est que madame de Valangis pût faire écrire à sa belle-fille, comme tutrice légale des enfants du second-lit, pour s'entendre avec elle sur des dispositions à prendre, peut-être, sur l'échange de quelque petite propriété acquise en Angleterre par M. de Valangis contre l'intégralité de la terre de Bellombre. Lucienne, en renonçant à sa part de la succession de son père, acquerrait ainsi toute sécurité pour celle de sa grand'mère, et la veuve du marquis doit avoir les pouvoirs nécessaires pour régler cette situation, ne fût-ce que provisoirement.

— L'important, reprit Marius, qui me fit l'effet de connaître et de juger ma situation mieux que moi, ce qui n'était pas difficile, mais encore mieux que Barthez lui-même, serait de savoir si le marquis de Valangis a donné son adhésion au testament de sa mère en faveur de Lucienne.

— Quant à cela, il ne l'a ni donnée ni refusée, car il n'a pas écrit une ligne à cet égard. Ses lettres ont été de plus en plus rares depuis son second mariage, et les termes en sont si vagues, qu'on peut y voir tout ce qu'on veut. Il a eu certainement connaissance du testament de sa mère, qui l'a consulté avant de l'écrire, et pourtant il n'a jamais exprimé son opinion sur cet acte. On pourrait croire qu'il ne l'a pas cru sérieux, ou qu'il n'a pas reçu les lettres qui lui en donnaient avis. Il a agi à peu près de même lors de la recouvrance de Lucienne : il ne s'en est jamais réjoui que sous bénéfice d'inventaire, et en aucun temps il ne l'a appelée sa fille. Il y a même des lettres de lui — je les ai toutes chez moi et je les ai relues avant de venir vous trouver — où il parle d'elle comme d'une *fantaisie,* c'est son expression.

— Comment puis-je être une *fantaisie?* demandai-je à M. Barthez, stupéfaite d'étonnement.

— Vous seriez un enfant quelconque que madame de Valangis aurait eu la fantaisie d'élever comme sa petite-fille pour se consoler de l'avoir perdue.

— Vous n'aviez jamais fait part de ces détails à Lucienne ni à moi! reprit Marius rêveur.

— Ils eussent été gratuitement pénibles. Madame de Valangis ne les a confiés qu'à moi, et vous ferez sagement l'un et l'autre de n'en parler jamais à personne. Les choses sont changées aujourd'hui, et je ne vois guère que la veuve Woodcliffe qui pourrait vous chercher noise. Mais à quoi bon?

— Qui appelez-vous la veuve Woodcliffe?

— La riche veuve que M. de Valangis a épousée en secondes noces, et qui, ne le trouvant sans doute pas assez grand seigneur, a continué à s'appeler lady Woodcliffe en y ajoutant le titre de marquise de Valangis.

— Et comment mon oncle était-il marquis? demanda Marius, qui devenait de plus en plus songeur.

M. Barthez, soit à dessein, soit par distraction, ne répondit pas, et, revenant à son propos :

— Cette dame n'aurait aucun intérêt, pour son compte, à être jalouse du nom et de la fortune de Lucienne, puisqu'elle a une fortune et un nom plus considérables pour elle et pour ses enfants. C'est une très-grande dame, qu'il ne faut pas s'attendre à voir agir mesquinement. De son côté, M. de Valangis avait tellement négligé sa mère, abandonné ses amis et oublié son pays, qu'il n'a pas dû laisser d'instructions contre ce qui a pu être fait ici en son absence. Donc, je pense, mes chers enfants, qu'il n'y a rien d'inquiétant pour vous dans l'avenir. Pourtant, comme l'excès des précautions ne peut nuire, je suis d'avis que Lucienne prenne sur elle d'informer sa grand'mère aussitôt que possible de l'événement, et, quand elle l'y verra disposée, il serait peut-être bon de lui faire faire un testament autrement rédigé.

— Oui, Lucienne, dit Marius ; il faudra y songer dans ton intérêt.

Et, comme je ne répondais rien, il insista :

— Est-ce que tu n'entends pas ce qu'on te dit?

— Si fait, répondis-je avec un peu d'humeur; mais je vous ai dit, moi, que je ne voulais ni tourmenter ni affliger ma grand'mère. Je la trouve très-affaiblie depuis quelques jours, et j'aimerais mieux ne jamais hériter d'une obole que d'abréger d'une semaine le terme de sa vie.

— Eh! mon Dieu! je ne te parle pas d'argent, reprit Marius impatienté. Ne vois-tu pas qu'il y a là une question d'honneur?

— Explique-toi, c'est le jour des énigmes!

— C'est bien simple à deviner pourtant. Si tu n'es pas la véritable petite-fille de ma tante, tu usurpes un nom qui ne t'appartient pas. Il faut donc tâcher d'arranger les choses de manière que l'on ne vienne pas te contester ton état civil, car, si ce n'est rien à tes yeux d'être ruinée, c'est quelque chose, je présume, que d'être avilie.

XXXVIII

Je fus si humiliée de cette brutale réponse, que je ne pus faire un pas de plus. Je me laissai tomber sur un banc en fondant en larmes. M. Barthez gronda un peu Marius de ce manque de ménagement, et, me parlant avec affection, il me fit entendre qu'au fond je pouvais redouter quelque chose de grave. J'appris donc là sérieusement pour la première fois que je pouvais être une étrangère pour ma bonne maman, un enfant supposé pour lui extorquer de l'argent, la fille d'un bohémien, d'un voleur de grand chemin peut-être!

Je refoulai mes sanglots, et, m'adressant à Marius :.

— Eh bien, veux-tu toujours m'épouser? lui dis-je.

— Tu as ma parole, une parole ne se reprend pas.

Il disait cela d'un ton si froid, que je me sentis sommée par lui de faire mon devoir comme il faisait le sien.

— Ne reprends pas ta parole, lui dis-je avec énergie, moi, je te la rends. En présence de Dieu et en présence de M. Barthez, je romps nos engagements.

Ce n'était pas ce que voulait Marius, du moins dans ces termes-là. Rien ne prouvait que je ne fusse pas mademoiselle de Valangis et que je dusse me voir contester mon nom et mon héritage. Marius eût voulu un engagement éventuel, et M. Barthez me le suggérait; mais j'étais découragée d'avance de mon sort, et puis, je dois l'avouer, je redoutais le caractère de Marius et je regrettais ma liberté. Il le devina et m'en fit des reproches, non pour m'amener à me rétracter, mais pour laisser une porte ouverte au retour. Comme je ne cédais point, il prit de l'humeur et me dit tout bas, après avoir salué M. Barthez, qu'on appelait de la part de ma grand'mère :

— Tu comprends, ma chère enfant, que, dans les termes où nous voici et quand tu me retranches de ton avenir quel qu'il soit, je dois me retirer de la maison. Si nous eussions dû nous marier, ma présence ici était naturelle et légitime; si cela ne doit jamais être, elle te compromet. Ma tante me croit parti, je devrais l'être. Adieu! je reviendrai de temps en temps savoir de ses nouvelles.

Il s'en alla sans attendre ma réponse, et je faillis courir après lui. Il m'était cruel de penser que notre amitié pouvait être brisée en même temps que notre mariage, car il y avait un visible dépit dans son adieu, et il semblait que j'eusse tous les torts; mais je n'eus pas le loisir de consulter les divers mouvements de mon cœur. Jennie vint vers moi d'un pas rapide. Elle était pâle, et ses dents serrées l'empêchaient de m'appeler. Saisie de terreur, je courus à elle en lui disant :

— Ma grand'mère est morte!

— Non, dit-elle ; mais ayez tout votre courage à la fois !

Et elle ajouta d'un ton dont la douloureuse solennité résonne encore à mes oreilles :

— Madame va mourir !

— Qui donc a parlé ? demandai-je en courant.

— Personne. Elle ne sait rien, son heure est venue.

Et, m'arrêtant à la porte du salon, Jennie me prit le bras avec force, en disant avec une déchirante énergie :

— Souriez !

C'est ce que l'on dit aux jeunes filles que l'on fait belles et que l'on mène au bal. Ma bien-aimée grand'mère allait mourir : c'est la fête qui m'attendait !

Elle était sur son fauteuil, pâle comme un spectre, et elle souriait encore, elle! M. Barthez lui tenait la main. Jacynthe essayait de réchauffer ses pieds glacés et roidis, qu'elle ne pouvait plus soulever jusqu'à sa chaufferette. M. Barthez, profondément ému et la figure baignée de larmes, lui répondait, remarquant ses yeux tournés vers la fenêtre ouverte :

— Oui, un temps très-doux aujourd'hui !

Je m'approchai pour baiser ses mains froides, elle parut étonnée de ne pas le sentir. Elle pensait et voyait encore, car elle me regarda comme pour se demander si j'étais un rêve. Elle fit un grand effort pour parler, et réussit à dire : *Barthez!... c'est ma fille, vous savez!...* Sa tête se pencha en arrière et sa figure exprima un calme divin. Je la crus morte, j'étouffai un cri. Jennie me contint d'un regard dont l'autorité eût plié le monde. Dans ce moment où l'éternité s'ouvrait devant elle, notre bien-aimée ne devait pas entendre les sanglots de l'adieu terrestre. M. Barthez voulut m'emmener, mais aucune force humaine ne m'eût détachée de ce fauteuil que j'étreignais en silence. Quelques minutes s'écoulèrent ainsi, et il me fut impossible de saisir le passage de la vie à la mort sur cette figure paisible qui me regardait toujours. M. Reppe, qui était en tournée, entra, vit, ne dit mot, toucha et écouta.

— Eh bien, c'est fini! dit-il, voilà tout.

C'était comme s'il eût dit : « Vous voyez qu'il n'est pas difficile de mourir. »

Je n'y comprenais rien, je n'y croyais pas. Ma grand'mère était là, sous mes yeux, dans la même attitude et avec la même figure que j'avais étudiées cent fois durant ses heures de lassitude ou d'assoupissement.

— Allons, allons! dit le docteur en me secouant. Vous n'aviez pas besoin de le savoir, mais il y a quinze jours que j'attends l'événement tous les matins. La lampe s'éteint faute d'huile. Elle a fourni une belle carrière. Vous ne pouviez pas espérer que ça durerait beaucoup plus longtemps. Retirez-vous, ma chère petite, vous n'avez plus rien à faire ici.

— Laissez-la, dit Jennie. Il ne faut pas fuir les morts comme des ennemis. Est-ce que l'âme de sa grand'mère est morte? Elle est peut-être encore là qui nous voit et nous entend.

Le docteur haussa les épaules; mais, électrisée par le tendre spiritualisme de Jennie, je couvris de larmes les joues, les mains et les vêtements de ma grand'mère, en lui disant comme si elle eût pu m'entendre :

— Je vous aime, je vous aime, je vous aime !

— C'est bien, me dit Jennie, dont la figure se détendit dans les larmes; à présent laissez-moi avec Jacynthe. Quand j'aurai couché cette chère dame, je ferai sa toilette, et vous reviendrez lui parler encore. Ne pleurez pas trop pour ne pas lui faire trop de peine là où elle est.

— Et où est-elle, Jennie? m'écriai-je éperdue.

— Je ne sais pas, mais avec Dieu, pour sûr; il est avec nous aussi, on n'est donc pas si séparé qu'on croit.

La foi robuste de Jennie me soutint. Je veillai

ma chère morte avec elle, et, deux jours après, appuyée sur le bras de Marius, je montais avec Jennie la colline des Pommets. Un petit chariot drapé de noir et traîné par des mules marchait devant nous. Nos amis de Toulon et tous les gens du pays environnant formaient le cortége. Ma grand'mère était très-aimée, et, sous les feux d'un soleil d'Afrique, tout le monde marchait recueilli et la tête nue.

L'abbé Costel nous attendait à la porte de l'église. Frumence était dans le cimetière, où, depuis vingt ans, on n'avait enterré personne. Il avait creusé la fosse lui-même, il s'en était fait un devoir. Quand on en approcha le cercueil, je le vis debout, sa bêche à la main. Ce fut la seule figure qui me frappa. Je cherchais dans ses yeux la solution de ce terrible problème du néant, contre lequel la foi peut difficilement réagir à l'heure où la dernière séparation d'avec l'être visible s'accomplit irrévocablement. Je ne vis dans les regards de Frumence qu'un profond respect et une douleur réelle, aucun signe d'amertume ou de faiblesse. Il se sentait assez fort pour accepter l'idée que quelque chose peut finir.

Moi, je ne le pouvais pas, et je regardai avec anxiété Jennie, qui semblait soigner, bénir et vouloir garder jusqu'au sein de la terre cette chère dépouille. Je m'appuyai sur la force de Jennie, la seule qui répondît à la mienne.

Au moment où l'on referma la fosse, des cris perçants et des lamentations bruyantes s'élevèrent autour de moi. Cette coutume antique, que l'on retrouve encore au fond des campagnes, est moins un témoignage de douleur qu'une sorte d'hommage éclatant rendu au mort. C'est peut-être aussi une sorte d'excitation salutaire que l'on veut procurer aux parents et aux amis pour faire couler les larmes et détendre la douleur en la forçant à s'exhaler. D'autres disent que ce sont des clameurs pour épouvanter les mauvais esprits et les empêcher d'emporter l'âme du mort... Ces cris m'épouvantèrent et je m'enfuis chez Frumence, qui me suivit au bout d'un instant. Mais il ne me savait pas là, il ne me voyait pas. Absorbé, il posa sa bêche dans un coin et se mit à sangloter comme un enfant, la tête appuyée contre le mur. Je me levai et me jetai dans ses bras. Nous pleurâmes ensemble sans nous rien dire.

XXXIX

Je ne sais plus ce qui se passa. J'avais un courage apparent, j'agissais sans en avoir conscience. Je ne sais ce que je répondais. Tout le monde me sembla bon pour moi, même madame Capeforte, et je souffris Galathée auprès de moi. Il y eut un repas chez nous au retour de l'enterrement. C'est un vieil usage qui me sembla bien cruel, mais Jennie s'y soumit avec son courage ordinaire et veilla à ce que tout le monde fût bien servi. Marius me parla, je crois, avec affection ; mais j'étais sensible à toutes les consolations indistinctement : au fond, il n'en était aucune qui pénétrât jusqu'à mon cœur, et la muette douleur de Frumence l'avait seule soulagé un peu.

Je ne sais quelles formalités furent remplies. Quand je me retrouvai seule avec Jennie, au bout de trois ou quatre jours, il ne me sembla pas que je fusse chez moi. Mon *moi*, séparé de celui de ma grand'mère, ne me représentait plus rien. Et pourtant son testament avait été produit. Il m'avait mise en possession de tous ses biens. Si personne ne réclamait, j'étais bien son héritière.

L'opposition se fit attendre au delà du temps nécessaire pour que la nouvelle du décès de ma bonne maman parvînt à la veuve et aux enfants de son fils. M. Barthez revint me voir et il se réjouissait de ce silence; il espérait que ma famille d'outre-mer serait aussi indifférente pour moi que mon père l'avait toujours été.

Marius me rendit une visite cérémonieuse avec ses anciens patrons, MM. de Malaval et Fourvières. Il n'y fut pas dit ouvertement un mot de notre mariage, bien que le cousin Malaval, qui protégeait beaucoup Marius, fît son possible pour renouer nos projets. J'évitai de répondre à ses insinuations. Je regardais ma situation comme entièrement provisoire, et il me plaisait assez de la considérer ainsi quand je venais à penser que, ma fortune assurée, je n'aurais aucun prétexte pour ne pas appartenir à Marius. J'étais trop loyale pour en faire naître un autre; mais il est certain que le positivisme de mon fiancé m'effrayait sérieusement, et que je me reprochais comme une folie la confiance que je m'étais laissé inspirer.

De son côté, il m'aidait à ajourner nos projets. Ce jour-là, Malaval voyait tout en beau dans ma destinée, et, par contre, l'ami Fourvières voyait tout en noir. Marius était comme une âme en peine entre ces deux anges inspirateurs, et tout son sang-froid ne réussissait pas à me cacher les perplexités de son esprit. Pour la première fois depuis le triste événement qui avait tout remis en question, j'eus envie de rire et de railler un peu la figure irrésolue et inquiète de mon cousin. Je vis bien qu'il me devinait et qu'il était piqué de plus en plus. J'aurais voulu qu'il me prît sérieusement en grippe. Il ne put s'y décider.

Quand il fut parti, je pleurai amèrement en disant à Jennie tout ce que j'avais sur le cœur. Jusque-là, soit par fierté, soit par courage, je le lui avais caché.

— Je ne sais pas si vous vous trompez sur le caractère de cet enfant, me répondit-elle avec son bon sens toujours empreint d'une certaine profondeur de vues ; tout le monde a de grands défauts, et l'amitié consiste à ne pas les voir. Moi, je voyais bien ceux de Marius; mais je vous croyais aveugle, et je ne les voyais pas sans remède. Je me disais qu'avec vos yeux fermés vous le corrigeriez. On ne corrige les gens qu'en les aimant. Voilà que vous ne l'aimez pas ou que vous ne l'aimez plus, puisque vous le jugez. Il ne faut pas l'épouser.

— Comment faire, Jennie, si je conserve ma fortune ?

— Je ne sais pas, mais je crois qu'il faut lui dire la vérité.

— Il deviendra mon ennemi et peut-être mon détracteur.

— C'est possible, et il est certain qu'il aura le droit de vous accuser de caprice.

— Si tu me blâmes, c'est que je suis blâmable, et, dès lors, je dois me sacrifier, épouser Marius quand même !

— Non, Lucienne. Dans le mariage, on ne se sacrifie pas tout seul; on rend malheureux malgré soi celui qu'on n'aime pas. Je ne comprends pas pourquoi, ayant toujours eu, comme vous le dites, une méfiance contre Marius, vous avez été jusqu'à la veille de l'épouser. Vous avez eu là une idée surprenante, et je n'aime guère les idées que je ne peux pas expliquer. Si c'est une faute que vous avez commise contre vous-même, il faut vous attendre à l'expier. Vous aurez un ennemi, puisque vous vous êtes trompée d'ami; mais il vaut mieux cela que de se marier avec déplaisir. Ce serait une plus grande faute, et le châtiment serait sans remède : il tomberait sur l'innocent et sur le coupable.

— C'est Marius qui est l'innocent selon toi?

— Eh! mon Dieu, oui, puisqu'il est le moins raisonneur et le moins intelligent de vous deux.

Il va droit devant lui comme il est. C'était à vous de le juger plus tôt.

Jennie avait raison. J'avais eu des idées fausses sur le bonheur et une notion trop peu élevée du mariage. Je l'avais envisagé comme un contrat de tranquillité pure et simple, non comme l'idéal d'un dévouement réciproque. J'étais punie de mon erreur, puisque j'étais forcée de revenir sur mes pas et de dire à Marius : « Je ne puis t'aimer. » Il eût été en droit de me répondre : « Pourquoi m'as-tu laissé croire le contraire? »

J'étais humiliée de cette situation, et, par moments, l'orgueil l'emportant sur la vraie dignité, j'aimais mieux tenir ma parole à tout prix que de m'entendre reprocher d'y avoir manqué. Jennie combattit cette mauvaise inspiration. Elle voulait me voir résignée à tout, plutôt que de profaner l'éternelle et entière affection du mariage. Mon âme se relevait au contact de la sienne, mais en même temps mon cœur, que j'avais cru raffermi, se déchirait de nouveau. L'idéal de l'amour reparaissait, et la solitude m'étreignait de son mortel ennui.

Comme Marius attendait les événements, il ne reparut pas de plusieurs semaines, et, comme il ne m'écrivit pas pour me dire qu'il serait à mes ordres dans toutes les hypothèses, je me tranquillisai sur son compte. Je fis observer à Jennie qu'en lui disant la vérité lorsqu'il viendrait me la demander, je ne courrais pas le risque de froisser sa tendresse. J'essayai à ce propos de lui demander ce qu'elle pensait de mes droits, dans le cas où ils me seraient contestés.

— Je pense, me dit-elle, que, si l'on vous réduit à la moitié des biens de votre grand'mère en attaquant son testament, vous aurez encore de quoi vivre. Cela joint à ce que j'ai...

— Tais-toi, Jennie, ne parlons jamais d'argent. Ce qui est à l'une est à l'autre, c'est convenu, et il y aura toujours assez pour nous deux. Ce qui m'inquiète un peu, c'est de bien savoir qui je suis. Les papiers laissés par ma grand'mère n'ont rien révélé à cet égard.

— Ce qui doit être révélé à cet égard, répondit Jennie, est entre nos mains. C'est là, dans ce bureau dont vous avez la clef et où vous avez vu cent fois un paquet cacheté. Le jour où l'on vous demanderait si vous êtes ce que vous êtes, nous ouvririons cela et nous le lirions. Ne m'en demandez pas davantage. Je dois me taire jusqu'à l'heure marquée, et, si cette heure ne vient jamais, vous lirez cela toute seule et le garderez pour vous.

Je ne voulus pas interroger Jennie davantage. Sa figure avait une expression si solennelle, que j'au-

rais craint de faire un sacrilége en touchant à ces
papiers qu'elle confiait à mon respect.

XL

Deux mois s'étaient écoulés, et je commençais
à me croire oubliée ou épargnée. Je vivais avec
Jennie dans un isolement mélancolique. Je m'étais
interdit de sortir. Il me semblait que mon deuil ne
devait pas voir sitôt le soleil, même pour traverser
et visiter la solitude. Un sentiment de réserve in-
stinctive nous retenait, Jennie et moi, dans cette
maison silencieuse et fermée où nous nous effor-
cions de croire que quelque chose de la chère
existence disparue avait encore besoin de nous.
Nous ne faisions pas de projets : nous sentions que
nous n'avions pas encore le droit d'en faire. Quand
même mon avenir eût été assuré, nous nous fussions reproché de ne pas vivre le plus longtemps
possible avec le passé regretté.
Un jour pourtant, Jennie se tourmenta pour ma
santé, qui souffrait un peu de cette claustration.
J'avais, malgré ma petite taille, beaucoup de forces
à dépenser, et je n'avais jamais été bien portante

qu'à la condition de beaucoup agir et de beaucoup vivre au grand air par tous les temps.

— Montez à cheval, il le faut, me dit-elle ; allez aux Pommets. Dans la semaine, on ne rencontre pas une âme de ce côté-là. Frumence m'a fait dire que le tombeau de notre chère dame était achevé et posé. Tenez, portez-lui ce bouquet que j'ai cueilli ce matin pour elle. Ce sont les fleurs qu'elle aimait. Allez, ma chérie, Michel vous accompagnera.

— Pourquoi ne viens-tu pas avec moi, Jennie?

— Je vais vous le dire tout bonnement. Frumence croit qu'à présent je pourrais et je devrais l'épouser. Il dit que ce serait plus respectable de le voir s'occuper de vos affaires, si nous étions mariés.

— Tu as donc reçu quelque nouvelle qui lève ces empêchements que je ne sais pas, mais que tu m'as dit exister?

— Oui, je savais bien que j'étais veuve. Mon mari est mort à l'étranger. On me l'avait écrit ; on m'a enfin envoyé l'attestation ; elle est en règle, à ce qu'il paraît.

— Eh bien, pourquoi ne pas épouser cet excellent ami qui t'aime tant?

— Parce que votre sort n'est pas réglé. Et puis Frumence ne doit pas quitter son brave homme d'oncle. Si vous étiez ruinée ou seulement gênée, qu'est-ce que je ferais pour vous aider, enfermée dans un endroit comme les Pommets, où il n'y a pas un sou à gagner?

— Chère Jennie, voilà que tu penses à me faire vivre avec ton travail? Tu crois donc que j'y consentirais?

— Et qu'est-ce que vous deviendriez? Voyons! qu'est-ce que vous savez faire? Si vous aviez voulu apprendre la musique et le dessin,... je me figurais, moi, que ça vous aurait fait une ressource à l'occasion. Vous n'avez pas aimé cela. Vous vouliez être savante. On ne devait pas vous contrarier, il faut respecter le tour que prend une jeune âme... Mais qu'est-ce qu'une femme peut faire avec du latin, du grec et des grandes affaires comme Frumence vous en a mis dans la tête? Vous seriez bonne à élever des garçons, et, si vous aviez dû épouser votre cousin, c'eût été très-bien de pouvoir apprendre à vos fils ce que Marius n'a pas voulu savoir; mais, s'il s'agit d'être institutrice ou dame de compagnie, on ne vous confiera pas des demoiselles pour en faire des bacheliers.

— Tant mieux, Jennie! Être dans la position où j'ai vu miss Agar et Galathée? Oh! jamais, j'espère!

— Bien, vous êtes fière, je sais cela; mais il

dépend de soi de n'être jamais avilie chez les autres. Est-ce que je l'ai été ici, moi qui n'avais jamais servi personne?

— Tu as raison, ma Jennie; je suis une sotte. Je pourrais être comme toi femme de confiance quelque part,... avec toi!...

— Ah! pauvre enfant, vous êtes simple! On ne prend pas deux femmes de charge dans une maison. Et puis vous ne savez rien de ce qu'il faut savoir; vous avez plus d'esprit qu'il n'en faut, mais vous n'auriez pas la patience!

— Nous nous ferons lingères ou couturières, veux-tu? Nous travaillerons chez nous.

— Oui! nous gagnerons chacune six sous par jour, et, là-dessus, il faudra en dépenser vingt chacune pour être bien mal nourries et logées plus mal encore.

— Que comptais-tu donc faire pour moi en me disant tout à l'heure...?

— C'est mon secret. J'ai une ressource bien petite, mais assez sûre. Par exemple, il nous faudra quitter le pays, et c'est pourquoi je ne veux pas épouser Frumence. Allons! vous voilà songeuse? Ce que nous disons, c'est pour mettre les choses au pis, et elles n'ont pas coutume d'arriver comme on les prévoit. D'ailleurs, jusqu'à présent, il ne semble pas qu'il y ait rien de mauvais sous jeu pour vous; n'y pensez donc pas et allez prendre l'air, il le faut.

Je montai à cheval, et, suivie de Michel, j'arrivai aux Pommets. Je n'y trouvai que l'abbé Costel pour me faire les honneurs de cette tombe que j'allais vénérer. C'était encore l'ouvrage de Frumence. Il avait choisi une belle pierre, cette pierre du pays qui a la blancheur et la finesse de grain du marbre. Il l'avait fait tailler sur mes dessins et il avait gravé lui-même l'inscription et les ornements. Je déposai là le bouquet que Jennie m'avait confié, et, malgré ma résolution de n'y pas pleurer, j'eus une grande lutte à soutenir contre moi-même en songeant à celle qui était là et qui ne pouvait plus me protéger.

J'allais remonter à cheval quand je vis arriver Frumence avec un personnage inconnu, un homme d'une quarantaine d'années, de moyenne taille, d'une figure plutôt distinguée que régulière, mais pleine d'intelligence et de douceur. Il avait beaucoup d'aisance dans les manières, et sa tenue simple, mais soignée, annonçait un homme appartenant à la plus moderne civilisation.

En m'abordant et en me le présentant, Frumence avait pourtant l'air inquiet, et je ne sais quelle tristesse grave répandue sur sa noble figure sembla m'annoncer que le moment des épreuves était venu.

— M. Mac-Allan, me dit-il, avocat en Angleterre, et chargé par la famille de feu M. le marquis de Valangis, votre père, de venir se consulter avec vous.

Je me sentis pâlir et ne pus que balbutier quelques mots. Mon trouble augmenta quand je vis que cet étranger le remarquait et en avait pitié. Je me trouvai humiliée et en même temps indignée de l'être, car je ne l'avais mérité en aucune façon. Ce n'était que le commencement de la longue série d'angoisses que j'allais traverser.

XLI

Cet Anglais, après m'avoir saluée très-convenablement selon l'usage de son pays, mais pas assez courtoisement pour le nôtre, m'examinait avec une curiosité qu'il n'avait sans doute pas l'intention de rendre blessante, mais qui me blessa profondément. Je relevai la tête.

— Sans connaître beaucoup les usages du pays de monsieur, répondis-je à Frumence, je sais qu'il lui suffit de m'être présenté par un de mes amis pour avoir le droit de me demander ou de me donner des explications; mais j'aurais cru que, dans la circonstance, c'est chez moi qu'il aurait dû se faire présenter à moi.

— Vous avez parfaitement raison, mademoiselle, dit M. Mac-Allan en très-bon français et avec un léger accent plutôt agréable que défectueux. J'étais venu ici pour prier M. Costel de vouloir bien m'introduire auprès de vous, et, si je me permets de me faire présenter chez lui, c'est pour m'annoncer et obtenir la permission d'être admis au château de Bellombre avec MM. Costel et Barthez.

— Ce sera quand il plaira à vous et à ces messieurs, répondis-je. Je n'ai ni jour ni heure à désigner, car je crois qu'il s'agit d'affaires et que je n'ai le droit d'aucune initiative.

— Mademoiselle Lucienne, reprit l'avocat, voulez-vous, contrairement aux usages, m'autoriser à vous parler ici? Dans la maison et en présence de votre curé, et de M. Frumence, qui est un de vos amis, il ne me semble pas qu'il y ait d'inconvenance, et je suis certain que de ces premières explications qui ne vous engageront à rien, et auxquelles vous ne serez même pas obligée de répondre aujourd'hui, peut résulter pour vous une certaine tranquillité d'esprit, pour moi une grande épargne de temps.

— Qu'en pensez-vous? demandai-je à l'abbé Costel.

Il me répondit que, n'ayant pas encore vu M. Mac-Allan, il devait s'en rapporter à Frumence, qui venait de causer avec lui et qui savait sans doute dans quelles intentions il se présentait. Frumence répondit à son tour qu'il croyait devoir me conseiller d'écouter M. Mac-Allan avec confiance, et nous nous assîmes tous les quatre autour de la grande table où Frumence avait toujours sa bibliothèque amoncelée.

D'un coup d'œil, l'avocat avait saisi la situation. Il avait vu que l'abbé Costel n'entendait rien à mes affaires, aux affaires quelconques de la vie pratique; mais il savait déjà que Frumence méritait toute l'autorité morale dont la confiance de ma grand'mère et la mienne l'avaient toujours investi. Ce fut donc à lui autant qu'à moi et fort peu à l'abbé qu'il s'adressa en parlant ainsi :

— Avant tout, je dois dire qui je suis et quel rôle je viens jouer ici. Je ne suis pas orateur, je suis légiste, quelque chose comme ce que vous appelez en France avocat consultant. J'ai étudié la législation française assez particulièrement pour être à même d'y suivre une affaire, et c'est pour cela que j'ai été choisi par lady Woodcliffe, marquise de Valangis, agissant au nom de ses enfants mineurs, pour discuter et soutenir leurs intérêts en France. Je ne viens donc pas en France pour parler contre vous, mademoiselle Lucienne, mais pour parler avec vous et vous apporter les propositions de madame la marquise.

— Si vous venez pour parler avec mademoiselle de Valangis, répondit Frumence, qui avait lu mes émotions sur mon visage, elle doit désirer que ce soit dans les termes d'une parfaite déférence réciproque, et je me permettrai de vous faire observer qu'en France, à moins d'une certaine intimité de famille ou d'affection sérieuse, on n'interpelle pas une jeune personne par son nom de baptême.

M. Mac-Allan sourit avec beaucoup de finesse, et je remarquai sur sa physionomie le contraste fréquent d'une bouche ironique avec un regard limpide, ouvert et bienveillant. Il m'était impossible de me prononcer entre la crainte et la sympathie que cet homme devait m'inspirer. Il hésita quelques instants à répondre, comme pour me préparer au coup qu'il allait me porter; puis il prit son parti comme quelqu'un que l'on soulage en faisant appel à sa franchise.

— Vous allez vite, monsieur, dit-il, mais vous allez droit au but, et je ne veux pas m'en plaindre puisque j'ai désiré qu'il en fût ainsi. Vous touchez donc le vif de la question, et, avant de l'attaquer, je supplie *mademoiselle ici présente* de ne voir aucun manque de déférence dans ma réserve sur la question du nom qu'elle porte. Vous le savez déjà, monsieur, je n'ai encore ici que des intentions conciliantes, et je n'aurais pas accepté une mission qui pouvait me devenir pénible, si je n'eusse été autorisé à porter avant tout des paroles de paix.

— Je suis donc en guerre avec la famille de mon père? demandai-je avec effort.

— Heureusement non, jusqu'à présent, et il ne tiendra qu'à vous et à vos conseils de ne pas la laisser déclarer.

Il fit une pause, me regarda en face, et, se levant, avec un peu d'emphase dans la douceur de son accent :

— Mademoiselle Lucienne, reprit-il, hélas! vous ne vous appelez peut-être pas même Lucienne : c'était le nom de baptême de la fille du premier mariage du marquis de Valangis, et rien ne prouve, rien ne pourra peut-être jamais prouver que vous soyez cette fille. Un mystère que je crois impénétrable enveloppe votre existence. La famille dont je représente les intentions ne voit et ne veut voir en vous qu'un enfant supposé. Mon opinion personnelle à cet égard est assez conforme à la sienne,

et pourtant, si vous l'exigez, je vous jure que je
me livrerai avec toute l'impartialité et toute la
sincérité possibles à toutes les recherches possibles
de la vérité. Je suis un honnête homme : vous n'en
savez rien, vous n'êtes pas obligée de me croire
sur parole ; mais vous serez forcée de le reconnaître, si vous me forcez à devenir votre adversaire.
Ne nous plaçons pas encore sur le terrain de la
lutte. Nous pouvons l'éviter... Je vais vous répéter
en peu de mots ce que j'ai déjà dit avec plus de
détails à M. Frumence. J'ai vu ce matin, à Toulon,
M. Barthez, qui doit être à Bellombre en ce moment pour se consulter avec madame Jennie, votre
femme de confiance ; vous l'y retrouverez sans
doute pour vous conseiller. M. Barthez, dont j'estime le caractère et dont je respecte la parole,
paraît compter en dernier ressort sur des preuves
que ladite madame Jennie se fait fort de pouvoir
produire. Moi, ne croyant pas à ces preuves, je
viens vous faire des offres sérieuses. Renoncez à
un héritage que vous ne pouvez conserver qu'au
prix d'une lutte douloureuse et longue, suivie
probablement d'un désastre. Gardez le nom de
Lucienne, ajoutez-y, si vous voulez, un *de* au commencement, une *s* à la fin : soyez mademoiselle
de Luciennes, si aucune famille de ce nom ne s'y
oppose ; mais renoncez à celui de Valangis et à

l'héritage, trop contestable dans tous les cas, de votre bienfaitrice. Acceptez une pension double du revenu que représente la terre de Bellombre. Quittez la Provence, la France, si vous voulez, et allez vivre libre et riche où il vous plaira. Personne ne vous demandera jamais compte de vos déterminations, de l'emploi de vos revenus et des convenances de votre établissement. Vous y réfléchirez. Voilà ma commission faite.

Ayant ainsi parlé, M. Mac-Allan se rassit comme s'il n'eût pas attendu de réponse; mais je vis à son regard qu'il eût souhaité l'explosion de mon premier mouvement. Je m'y serais peut-être livrée quand même, si Frumence ne m'en eût empêchée en prenant la parole à ma place.

— Avant que mademoiselle de Valangis ait, dit-il, une opinion personnelle sur cette offre singulière, elle doit consulter ses amis. Elle est à peine majeure, et, en prévision d'une mort plus prochaine, sa grand'mère lui avait nommé dans la personne de M. Barthez un tuteur dont les avis lui seront encore utiles.

— Aussi je n'attends pas, reprit M. Mac-Allan, que mademoiselle se décide aujourd'hui. Quant à sa majorité, je l'accepterai comme accomplie; mais il vous sera aussi difficile d'établir l'âge de mademoiselle Lucienne que d'établir son état dans le monde. Nous sommes ici en plein roman, ce n'est pas votre faute ni la mienne. Comme c'est la faute de quelqu'un à coup sûr, peut-être la faute de personnes que mademoiselle Lucienne voudra soustraire aux conséquences d'une imposture, je ne crains pas qu'elle se repente jamais d'avoir pris le parti que je lui conseille.

— Je vous supplie de vous expliquer, m'écriai-je. Je ne vous comprends pas.

— M. Mac-Allan doit répugner à vous donner cette explication ici, dit Frumence. Je crois, mademoiselle de Valangis, que le moment serait venu de le mettre sans tarder en présence des preuves auxquelles il a fait allusion et de la personne qui espère avec raison dissiper ses doutes. Mon avis est que vous retourniez à Bellombre tout de suite et que nous vous y suivions dans quelques instants, puisque nous devons y trouver M. Barthez, et peut-être M. de Malaval, M. Marius de Valangis et le docteur Reppe. Je sais qu'ils avaient l'intention d'aller vous rendre visite aujourd'hui. Vous ne devez rien préjuger avant d'aller consulter vos parents et vos amis.

J'avais hâte, moi, de consulter Jennie. Était-elle donc accusée de quelque chose dans la ténébreuse affaire de mon enlèvement? Je serrai en tremblant la main de Frumence, et je saluai M. Mac-Allan, dont l'œil clair et paisible semblait envelopper dans sa puissance de concentration toutes les émotions de mon cœur et toutes les incertitudes de ma destinée. Je remontai à cheval sans dire un mot, et je partis.

Au bout de cent pas, je crus que j'allais m'évanouir. Ce rêve effrayant et bizarre qui, dès mon enfance et dans ces derniers temps surtout, s'était présenté vaguement à mon imagination, il se réalisait donc brutalement! J'étais sans nom, sans âge, sans famille, sans passé, sans avenir, sans protection et sans responsabilité! Je ne pouvais me figurer la situation où j'étais forcée d'entrer tout à coup. Je m'aperçus bien, à l'épouvante qui s'empara de moi, que j'avais été vainement avertie : je n'avais rien prévu.

Je ne prévoyais pas encore. J'essayais de comprendre; un nuage était sur ma vue. La campagne étincelante de soleil me parut grise et terne. La brise, chaude comme un simoun, me frappa les épaules comme une bise d'hiver. Voulant réagir contre cette défaillance, j'animai mon cheval et lui lâchai les rênes. Il s'élança comme un ouragan, ce pauvre Zani qui n'avait pas couru depuis longtemps; il traversa la Dardenne en bondissant sur les dalles glissantes avec l'adresse d'un chamois. Je m'abandonnai à son audace sans en avoir conscience. J'avais besoin de revoir Jennie, mon unique refuge. Je ne songeai point à me retourner : j'aurais distingué derrière moi sur la hauteur M. Mac-Allan, qui me suivait de loin avec Frumence, et qui me regardait en lui faisant part de ses réflexions sur mon caractère ardent et téméraire.

FIN DU TOME PREMIER.

IMPRIMERIE L. TOINON ET Cⁱᵉ, A SAINT-GERMAIN.

www.ingramcontent.com/pod-product-compliance
Lightning Source LLC
Chambersburg PA
CBHW071343150426
43191CB00007B/825